Johnny Kokoschinski

WENN DAT FELL AM WACHSEN FÄNGT

*Bibliografische Information der Deutschen National-
bibliothek:
Die Deutsche Nationalbibliothek verzeichnet diese
Publikation in der Deutschen Nationalbibliografie;
detaillierte bibliografische Daten sind im Internet
über http://dnb.dnb.de abrufbar.*

*© 2013 Johnny Kokoschinski
Covergestaltung und Illustrationen:J. Kokoschinski*

*Herstellung und Verlag: BoD – Books on Demand,
Norderstedt
ISBN: 978-3-732282425*

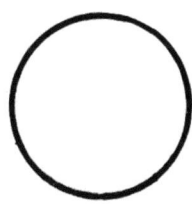

Die große Chance

Lokalreporter - ich war Lokalreporter. Bei einer angesehenen Zeitung in einer mittelgroßen Stadt im Ruhrgebiet. Früher hatte ich natürlich andere Berufswünsche. Als Kind wollte ich sein wie der freundliche Tierdoktor in der Fernsehserie DAKTARI, später war der Arzt, dem die Frauen vertrauen mein Vorbild. Nach dem Abitur entschloss ich mich dann aber gegen Tiere und ältliche Patientinnen für den Journalismus. Dabei war das Studieren an sich nicht schlecht, wenn man die reinen Lernzeiten subtrahierte und sich auf den Teil der lockeren Freizeitgestaltung konzentrierte. Das machte ich gut und ausgiebig. Nach einem halbjährigen Praktikum bei eben jener Zeitung, die ich bereits erwähnte, fing ich dort dauerhaft in der Lokalredaktion an und blieb hängen. Meine Fähigkeiten vor Ort waren wohl ausreichend, um mir auch nach der Unvollendung meines Studiums einen sicheren Platz bei der Dokumentation des lokalen Treibens einzuräumen. Zwar war ich Lichtjahre davon entfernt, die Spiegel-

Redaktion zu leiten oder Helmut Markwort von seinem Chefsessel zu stoßen, aber die Tätigkeit füllte meinen Kühlschrank und finanzierte mir ein Dach über dem Kopf. Es hätte schlimmer kommen können.

Als Schreiberling für den Lokalteil hatte ich es nicht immer leicht, Tag für Tag ein interessantes Thema zu finden. Da lag bei mir der Fall nicht anders als bei den meisten meiner Kollegen. Manchmal schob der Chef mir einen Auftrag zu, meistens durfte ich mir meine Themen aber selbst suchen, Ich war normalerweise dem Bereich „Besondere Veranstaltungen" zugeteilt und das hieß im Klartext, dass ich jeden Tauben-, Kaninchen- oder Sonstwas-Züchter im Stadtgebiet kannte und genau wusste, bei welchen Tierschauen es den besten Kuchen gab. Ich favorisierte den leckeren Kirschboden von Frau Jaschinski bei der Karnickelfraktion Ost.

Mal abgesehen von der einen oder anderen Amateur-Theaterdarbietung oder einer kleinen Festivität, bei der unser smarter Bürgermeister zugegen war, passierte in unserer Stadt dann auch nicht viel Aufsehenerregendes. Da träumte ein kleiner Journalist wie ich schon gerne mal von der einen großen Story, die etwas Glanz in das piefige Dasein bringen konnte. Manch anderer Kollege hatte solch ein Glück und meist verhalf der Zufall zu einer besonderen Geschichte.

Nun, auch für mich traf das zu. Es war aufgrund reinen Zufalls, dass ich auf Holger traf. Holger, den etwas abgewrackten Typen aus dem Stadtsüden. Holger, den freundlichen Verlierer. Holger, den Werwolf. Werwolf? Ja, sowas gibt's.

Es war im August 2009, als ich reichlich gestresst am Samstag kurz vor Ladenschluss noch durch einen großen Einkaufsmarkt hetzte. Wie immer machte ich meine Einkäufe kurz vor Torschluss, weil mein Zeitmanagement aus Prinzip nicht funktionierte. Heute hatte ich für mich nur ein paar Knabbereien geholt, der Großteil meines Einkaufs bestand aber aus der Monatsration für meine beiden Stubentiger Helmut und Renate, die mir erlaubten, ihre gemütliche 3-Zimmer-Wohnung mit ihnen zu teilen. Neben dem üblichen Nassfutter und Trockenzeugs waren auch die sehr beliebten Knabberstangen mit Ente und Huhn dabei, für die meine Katzen töten konnten. Brauchten sie zum Glück aber nicht, weil ich immer einen großen Vorrat davon am Lager hatte und die Fressgelüste meiner haarigen Mitbewohner somit immer kontrollieren konnte.

Jedenfalls war ich der letzte Kunde und nachdem mich die Angestellten des Marktes mit bösen Blicken verfolgt hatten – sie mussten schließlich 5 Minuten länger machen, weil ich zu langsam war – ging ich über den menschenleeren Parkplatz zu meinem Wagen. Die Karre, ein angegammelter metallic-grüner Ford Focus Kombi, war mittlerweile 18 Jahre alt und die Zeit war nicht gut mit ihm umgegangen. Ich übrigens auch nicht, aber das ist ein anderes Thema.

Nachdem ich meine Einkäufe im Heck verstaut hatte, wollte ich einigermaßen gut gelaunt nach Hause fahren und den Rest des Tages auf der Couch mit einem anspruchslosen Film verbringen. Heute sollte es einer der UNDERWORLD-Filme mit Kate Beckinsdale sein. Als ob ich die weiteren Geschehnisse des Abends vorausgeahnt hätte.

Als ich den Zündschlüssel drehte, verschwand die gute Stimmung innerhalb von Sekunden. Denn es machte nur leise „Klick – Klöck-Klöck-Klöck". Mehr passierte nicht und ich sah mich gezwungen, meinen Kopf tief im Motorraum zu vergraben und trotz mangelhafter Kenntnisse im Bereich Motoren eine Lösung zu finden. Ich kannte mittlerweile die verschiedenen Schwächen meines Wagens, doch das half mir nun nicht weiter. Die Batterie war es sicher nicht, denn die war erst drei Tage alt. Ich klopfte mit der Zange gegen den Anlasser, zog hier, schraubte da, drückte dort und die Stunden gingen ins Land. Praktischerweise hang mein Handy zuhause in der Küche am Ladekabel und der Einkaufsmarkt lag nicht gerade zentral. Und trotz seines Alters wollte ich den Wagen nicht einsam und der Zerstörungswut asozialer Elemente ausgeliefert auf dem Parkplatz zurücklassen. Es war also im Moment nichts mit einem Hilferuf oder dem Abend auf der Couch, denn mittlerweile war es dunkel und neben einer flackernden Laterne spendete nur der volle Mond kaltes Licht.

Während ich weiterhin verzweifelt versuchte, den Wagen irgendwie dazu zu bewegen, wenigstens ein letztes Mal anzuspringen, hörte ich plötzlich ein tiefes, gurgelndes Knurren. Schon bald konnte ich am Rande des Parkplatzes nahe eines Busches im Schatten den Urheber ausfindig machen. Es schien ein ungewöhnlich großer Hund zu sein, der mich mit extrem wirrem Blick fixierte und augenscheinlich den festen Plan hatte, mir den halben Hintern oder sonstiges Körpergewebe wegzureißen. Denn wie vom Blitz getroffen startete das Tier in meine Richtung.

Mir blieb nur die Flucht ins Wageninnere und die Hoffnung, der Köter würde dann wohl irgendwann aufgeben. Das war aber nicht der Fall. Im Gegenteil. Dass ich im Fahrzeug saß und er draußen war, schien den bösartigen Hund unbekannter Rasse nur noch mehr zu motivieren und er warf sich mit seiner ganzen Körpermasse gegen die Türen - was mich einigermaßen beunruhigte, denn er verfügte über enorme Kräfte. Aber ich konnte nur abwarten.

Abwarten, bis der aggressive Klumpen aus Fell und Zähnen es schließlich fertigbrachte, die Scheibe der Beifahrertür zu durchbrechen und seinen fiesen Kopf mit den vollkommen irrsinnig glotzenden Augen hindurch zu stecken.

Jetzt war guter Rat teuer und in meiner Not rasten mir alle möglichen Gedanken durch den Kopf. Der einzig brauchbare war: Bevor das Vieh mich frisst, soll es lieber das Zeug für die Katzen bekommen. So kroch ich nach hinten zu den Taschen mit dem Tierfutter und schmiss dem Köter nach und nach alles vor sein geiferndes Maul. Und was soll ich sagen? Er fraß es. Fraß jeden Krümel, jede Knabberstange und sogar das silberne Papier. Dabei beruhigte er sich stetig und nachdem auch das letzte Stückchen Futter in seinen Magen gewandert war, legte er sich einfach auf den asphaltierten Boden und schlief neben meinem Wagen ein. Schlief einfach ein, das blöde Vieh! Da ich mich nicht traute, das Fahrzeug zu verlassen, schlief ich übrigens auch ein.

Früh am Morgen wurde ich durch den Aufschlag einer großen Menge Taubenmists auf der Windschutzscheibe geweckt. Kann ein Tag schöner beginnen? Ich musste erst richtig wach werden, da fiel mir der fiese Hund wieder ein. Vorsichtig lugte ich aus dem zerbrochenen Fenster und konnte kaum glauben, was ich da sah. Friedlich schlummernd lag da ein Kerl. Er hatte eine schöne Wolfgang Petri-Gedenkfrisur, die etwas fettig an seinem Kopf klebte, war etwas übergewichtig und bis auf ein Halsband mit einem blauen Stofffetzen vollkommen nackt! Splitterfasernackt!

Da von dem Typen im Gegensatz zu der wilden Bestie von letzter Nacht keine Gefahr auszugehen schien, stieg ich aus und weckte den Kerl. Der guckte einigermaßen verdutzt aus der Wäsche. Ohne auf seine fehlende Kleidung einzugehen fragte er mich dann aber direkt, ob es mir gut ginge und ob er mich verletzt hätte. Dabei hustete er immer wieder silberne Papierschnipsel aus, auf denen Fragmente der Aufschrift „Mit Ente und Huhn" zu erkennen waren.

Ohne überhaupt zu begreifen, was passiert war, versicherte ich ihm, dass es mir gut ging und alle meine Gliedmaßen noch da wären. Erst danach fing ich in an, über die Geschichte nachzudenken. Bevor in meinem Kopf ein ganzer Fragenkatalog entstehen konnte, kam die Antwort von meinem Gegenüber:

„Moin, ich bin Holger. Dat hab ich nich extra gemacht. Ich hab da so ein Problem mit Verwandeln, aber dat soll keiner wissen. Also behalt dat für dich. Und noch wat. Kannste mich nach Hause bringen?"

Irgendwie fiel es mir in diesem Moment nicht schwer, diese Information nach den Vorkommnissen der letzten Nacht einfach hinzunehmen. Vielleicht war ich aber auch nur noch nicht richtig bei Bewusstsein, denn Zweifel hatte ich später schon, ob der Kerl sich tatsächlich in eine Bestie verwandeln konnte. Der Typ schien jedenfalls halbwegs in Ordnung zu sein. Und er kannte sich mit besser mit Autos aus als ich. Eine Hand wäscht die andere und so brachte Holger meinen Wagen zum Laufen und ich ihn zu seiner kargen 2-Zimmer-Wohnung im Süden der Stadt. Holgers Domizil war auf den ersten Blick ziemlich verwohnt. Die einstmals feinhaarige Oberfläche der als besonders strapazierfähig geltenden Teppichfliesen war in ihrem scheinbar langen Einsatz zu einer unendlichen Ebene verfilzter Kügelchen mutiert. Holgers Möbel passten nicht zusammen und bestanden aus einer kunterbunten Mischung von Pressspan-Stücken, die er wohl hier und da günstig bekommen hatte. Das zentrale Stück von Holgers Wohnung war eine monströse Schlafcouch, die durch ihre Farbgebung aus Braun, Blau und Gelb leicht den frühen 90er Jahren zuzuordnen war. Vereinzelte Kaffeeflecken verstärkten den dubiosen Batik-Look. Darüber an der Wand hing ein Poster zum Kelly Trump-Film HORNBLASEN TEIL 8, auf einem wackeligen Tisch stand ein alter Röhrenfernseher.

Schaaren von Wollmäusen hatten es sich in den Ecken gemütlich gemacht, insgesamt aber wurden meine niedrigen Erwartungen in Punkto Sauberkeit bis auf diese kleinen Details zum Glück nicht erfüllt. Nachdem sich Holger erst einmal eine alte Jogginghose und ein Sweatshirt angezogen hatte, wollte er ein guter Gastgeber sein. „Willste einen Kaffee?", fragte er und fing bereits an, in seiner mikroskopisch kleinen Küche herumzukramen.

Ich bin, was das Essen und Trinken bei Fremden angeht, sehr eigen. Ein Erlebnis während eines vergangenen Interviews machte mich im Bezug auf Getränke und Speisen bei etwas dubiosen Gastgebern vorsichtig. Im besagten Fall wurde mir ein komisches Cappuccino-Gemisch gereicht. Der Hausherr holte einen Zuckerwürfel und einen schmierigen Löffel irgendwo unter einem Sessel hervor. So schien mir nur ein noch frisch verpackter Schokoriegel geeignet, das Gebräu in der Tasse umzurühren. Dabei brach der Riegel ab und verschwand fast komplett im Getränk, das ich danach lieber stehen ließ. Die gereichten Schinkenröllchen, an denen vereinzelte gekräuselte Haare klebten, ersparte ich mir zu meiner Sicherheit ebenfalls.

Dieses traumatische Vorkommnis hat sich fest in mein Gehirn eingebrannt und Holgers Angebot machte mich misstrauisch. Zu meinem Glück war Holgers Küche aber scheinbar der sauberste Ort der Wohnung. Ich konnte eine gepflegte Spüle und Reinigungsmittel sehen, was mein Vertrauen zurückkehren ließ. So nahm ich das Angebot an.

Holger erhitzte das Wasser auf dem Herd, der in seinem Fall nicht ordnungsgemäß angeschlossen war. Die blanken Drähte des Anschlusskabels steckten einfach in der Steckdose, was das Aufkochen des Wassers wegen einer elektrischen Unterversorgung des Herds zu einer langwierigen Sache machte. Das gab mir aber Zeit, mich ausführlicher mit meinem Gegenüber zu unterhalten, denn in meinem Kopf hatte sich bereits die Idee zu einer Story entwickelt, die mir zu einem Karriereschub und einer finanziellen Aufbesserung verhelfen könnte.

„Jetzt mal ehrlich. Was war das denn jetzt für eine Nummer auf dem Parkplatz?", fragte ich, während Holger die Reste aus mehreren Instant-Kaffeedosen zusammenmischte. „Dat hab ich doch schon gesagt. Ich leide da an so'ner Verwandlungssache, eigentlich is dat ein Werwolffluch. Glaubste dat nich?"

„Wie kann man sowas denn glauben? Würdest du so eine Geschichte einfach akzeptieren, ohne einen wirklichen unanfechtbaren Beweis?"

„Dat stimmt, du hast dat ja nich gesehen mit die Verwandlung. Dann is dat natürlich nich so leicht mit dem dran glauben."

„Eben. Ich meine, wenn du mir das mal zeigen könntest...."

„Echt, dat willst du jetz? Ich soll mich in mein Fell schmeißen und du guckst da so zu?"

„Na, ja, vielleicht nicht so direkt, aber ich hätte da eine Idee. Vielleicht könnte ich eine Kamera aufstellen vorher und die Verwandlung filmen."

„Nee, dat find ich nich gut, dat kann ja dann jeder sehen. Dann is dat auf einmal im Internet und dann is dat vielleicht nich gut für mich."

„Holger, ich will das ja nur selbst mal sehen. Dann kann ich den Film ja wieder löschen."

„Pass auf. du hast mich jetz nach Hause gebracht und ich glaub, dass du ein Töften bist. Tu mir jetz versprechen, dat du dat sofort wieder löschst, wenn dat Ding gelaufen is, dann geht dat. Aber schwör mir, dat dat dann gelöscht wird, sonst kannste gleich die Tür von außen zu machen"

„Gut, ich filme das Ganze und dann löschen wir den Film gemeinsam, damit du sicher sein kannst."

„Jau, dat hört sich gut an, dat geht. Aber jetz is erstmal mal wieder Sense mit Verwandeln, dat dauert dann erstmal wieder ein paar Wochen."

Ein paar Wochen. Das ist eine lange Zeit, wenn man raus will aus seiner kleinen Existenz und das Mittel dazu zum Greifen nahe ist. Aber ich musste mich gedulden, Die Wartezeit nutzte ich, um mich mit Holger anzufreunden. So war ich sogar schon bald ein akzeptiertes Mitglied von Holgers Kiosk-Gemeinschaft und ließ mich mehr als einmal dazu hinreißen, ihm und seinen Trinkfreunden Fredi, Juppeck und Heini ein paar Bierchen zu spendieren. Holger merkte nicht, was mir schnell klar wurde. Die Jungs erkoren immer denjenigen zu ihrem besten Kumpel, der ein paar Euro für Getränke locker machte. Es war eher eine Nutzgemeinschaft als wahre Freundschaft. Immerhin konnte ich den

Zusammenkünften mit journalistischem Abstand begegnen und der Hoffnung, dass ich meinen neuen Bekanntenkreis bald wieder verlassen würde.

Dann war die Wartezeit vorbei und der nächste Vollmond kündigte sich an. So konnte ich mich schließlich selbst überzeugen, ob Holgers Geschichte überhaupt stimmte. Ich hatte gerade erst für meine Eltern eine Katzenkamera besorgt. So ein kleines Teil, das man der Katze ans Halsband hängen kann, um dann später auszuwerten, wo sich das Tier den lieben langen Tag herumtreibt und welche Morde im Tierreich es begeht. Diese Kamera sollte den Zweck bei Holgers Verwandlung erfüllen. Am Stichtag fuhr ich mit ihm ins Grüne, befestigte die Kamera an einem Baum, setzte Holger davor und verschwand, bevor der volle Mond sich am Himmel zeigte.

Am nächsten Morgen war ich dann bei Holger und auf meinem Notebook sahen wir uns gemeinsam die Aufnahmen an. Was ich da sah, war zwar unglaublich, doch es war genau, wie Holger es vorausgesagt hatte. Er verwandelte sich in den etwas dunklen und verpixelten Bildern tatsächlich vom durchschnittlichen Arbeitslosen mit grotesken Bewegungen und Geräuschen in ein wildes, auf allen Vieren laufendes Tier mit Reißzähnen, das sogleich im Dunkel der Nacht verschwand. Da war ich wirklich sprachlos, was mir nicht oft passiert.

Wir sahen uns die Szene noch mehrmals an, wobei Holger das Geschehen eher sachlich betrachtete und bemerkte „dat die Kamera aber auch nich so dolle Bilder machte, wie er dat gedacht hat". Dann löschte ich wie versprochen die Aufnahmen.

Von meinem Plan, eine Story aus Holgers Geschichte zu machen, wollte ich nun erst recht nicht abweichen. Holger hatte nicht zuletzt wegen meines eingehaltenen Versprechens, die Videoaufnahmen zu löschen, Vertrauen gefasst und ich konnte ihn sogar überreden, mehr aus seinem Leben preiszugeben. Ab einem gewissen Punkt war ich dann ehrlich zu ihm und wir vereinbarten, dass er sich nach einem ausführlichen Interview entscheiden durfte, ob ich das Material veröffentlichen soll oder nicht. Am Ende müsste ich vielleicht noch einmal mit Holger verhandeln, damit ich dieses irre Abenteuer auch für mein Weiterkommen nutzen könnte. Zumindest hatte ich dann schon einen Haufen Informationen gesammelt.

Das war der Anfang der Geschichte von meiner Chance auf eine große Story, falls jemand die Existenz eines Werwolfs mitten im Ruhrgebiet oder auch anderswo glauben konnte. Ich war damals der Meinung, das sollte jeder selbst entscheiden, nachdem Holger mit seinen eigenen Worten die Geschichte seines Lebens erzählt hatte. Es folgt nun das Interview, in dem Holger erzählte, wie es zu seinem Werwolf-Dasein kam und wie ein Mensch mit dieser Belastung leben kann...

Holger – Das Interview

Also, dann erzähl mal: Wer bist du und wo kommst du her?

Hallo, ich bin Holger, aber dat weißte ja jetz schon. Ich soll hier mal wat erzählen wie dat so gekommen is mit meinem Werwolffluch und dat alles. Ich fang dann mal an mit meinem frühen Leben.

Bitte. Wie war Dein Elternhaus?

Also meine Alten, dat war´n ganz normale Leute. Mein Vatter, der hat so dicke Lastwagen gefahren für ´ne Essener Spedition, die is aber jetz pleite. War immer viel weg der Alte, aber Mutter war immer da und auch nich ohne, wenn du verstehst, wat ich meine. Die hat schon gut durchgegriffen, wenn ich mal Mist gemacht hab, geklaut und so und auch mal einen von die Mehring-Brüders vermöbelt. Wenn ich dat jetz mit Abstand überleg, war die aber auch in Ordnung. Wollte ja nur dat beste für ihren Holger. Dat wollen ja alle Mütters unterm Strich, ne? Gewohnt haben wir in so einem kleinen Einfamilien-

haus mit Garten. Da gab dat dann alles an Gemüse. Möhren, Gurken und Kartoffeln und so Zeugs. Dat war dann immer töfte, wenn ich mal wat mampfen wollte zwischendurch. Ab in dat Beet, Kohlrabi und Mörchen raus und fertig. Manchmal hat dat von den Sand in der Muhle geknirscht, aber lecker war dat trotzdem. Gebadet haben wir als ich noch'n Kröte war in 'ner Zinkwanne. Später hat mein Alter dann so'n Badezimmer gebaut mit Fliesen und 'ner richtigen Wanne und 'ner Dusche. Und auf unserem Hof war dann irgendwann nix mehr mit Gemüse, dat wurde dann so ein Wellness-Dings mit Teich und Laube und alles. Wie sich dat dann eben so verändert mit die Zeit.

Ich hab dat bei meinen Alten aber immer gut gehabt meistens, auch wenn dat mal ein paar hinter die Ohren gab. Weißte ja, wie Eltern so sind. Dat die ihren Blagen eigentlich nur Gutes wollen, siehste ja erst später, wenn du dat nich mehr sagen kannst.

Und du kannst Deinen Eltern das nicht mehr sagen?

Nee, dat geht nich mehr. Weißte, wenn sich einer am Tag drei Schachteln Rote Hand ohne Filter durch die Lunge zieht, dann kann dat mit dem Leben schon mal wat kürzer sein. Meine Alten haben dat zu spät gerafft, dat dat Rauchen nich gut is für ein langes Leben. Dat ging dann alles ganz schnell. Meinen Vatter hat dat vor sieben Jahre erwischt und Mutter hat dat auch nich mehr viel länger gemacht. Dat war hart, aber ich kann dat ja nich mehr ändern. Dat einzig Gute an die Sache is, dat ich dat mit den Rauchen nie richtig angefangen hab. Ich will wat älter werden als Vatter und Mutter

Tut mir leid wegen deiner Eltern. Ich hoffe, du bleibst Nichtraucher.

Da kannste Einen drauf lassen, dat ich dat bleib!

Gut so. Welche Schulbildung hast du und wie ging es nach der Schule weiter?

Ich war auf der Hauptschule und dat hat mir nich gepasst. Die Lehrers hatten kein Bock, die Schülers auch nich und in der Pause gab dat immer irgendwo 'ne Klopperei. Bin nach zwei

Versuchen, dat mit die achte Klasse zu packen, nich mehr hingegangen, weil ich dat da nich leicht hatte. Da gab dat immer einen, der dem kleinen Holger ein paar auf die Fresse geben wollte. War dat nich der doofe Kai-Uwe, dann kam der bekloppte Hassan. Dat war mir zu brenzlig.

Ich wollte dann Kohle verdienen und hab gesehen, dat ich weg komme von der Schulbank. Auch wegen meiner Perle, der Susi. Ich hab dann sogar schnell wat gefunden bei so einem kleinen Krauter, der hat so Installationsarbeiten gemacht. Gas – Wasser – auch Scheiße. Da hab ich angefangen und dat schien auch ganz gut. Nach ein paar Wochen war dat aber nich mehr gut. Dat einzige, wat ich durfte, war die Werkzeugkisten schleppen und den Geselle mal die Hilti in die Hand drücken. Aber wehe, der Bohrer war falsch, dann hat der mir sofort richtig eine geballert.

Das war bestimmt nicht leicht. Wolltest du nicht mal die Brocken hinschmeißen?

Klar wollt ich dat. Oft wollte ich dat sogar, eigentlich fast an jedem verkackten Tag. Irgendwie hab ich aber gedacht, dat muss ich überstehen und dann geht dat bergauf. Gesellenbrief in der Tasche, Kohle in der Patte – goldene Zeiten und dat alles. Und mit die Susi wollte ich mir ja auch wat aufbauen irgendwann. In der Berufsschule ging dat mit mir einigermaßen. Da gab dat so viele Ausländers - Türken, Spanier und so'n Pole. Da haben die Lehrers gedacht, die kommen nich mit und dat Niveau nach unten korrigiert. Da hab ich immer ganz gut abgeschnitten. Aber bei der Prüfung im praktischen Teil, dat hat gar nich hingehauen. Durfte ja nie wat machen außer Schleppen bei den doofen Gesellen. Und dat Prüfstück, wat ich da zusammengezimmert hab, sah dann auch so aus. Krumm und schief war dat. Hab nur Glück gehabt, dat der Prüfer besoffen war und in dem seinem zugedröhnten Schädel sah mein krummes Ding wohl wieder gerade aus. Hab ich dann sogar gepackt die Prüfung und als Danke-

schön hat mich mein Chef dann mit Arschtritt in dat Arbeitsamt befördert. Dat hat Susi nich gefallen und die is dann mit den bekloppten Micha gegangen, weil der schon ein dickes Auto hatte und die Susi dem seine großkotzige Art so spitze fand. Da war dann nix mit goldenen Zeiten, aber so garnix!

Und Arbeit zu finden war bestimmt nicht leicht, oder?

Ach, dat ging sogar. Ich hab erstmal so Gelegenheitsjobs gemacht. Kisten schleppen am Markt und für ein paar Ommas Sprudel geholt und sowat, bis ich dann bei einem so´n Heizungsfritze anfangen konnte. Der kannte meinen Alten und dann lief dat. Da hab ich dann dat erste Mal wat mehr Geld verdient - nich so richtig viel, aber ich war ja auch noch ein Neuling, weil ich in der Lehre nix Brauchbares gelernt hab. Da wollte ich jetz nich so auf die Pauke hauen wegen mehr Kohle. Dat ging dann von alleine, als der Chef gesehen hat, dat ich malochen kann und mir für nix zu schade bin.

Also ging es dann doch langsam bergauf für dich?

Mann, war dat vielleicht schön, als ich dann mal wat mehr Kohle hatte. Da hab ich erstmal ein paar Pils genommen mit ein paar Kumpels zur Feier des Tages. Da haben wir uns schön unten bei den Erwin an der Bude getroffen und mal richtig ein paar Bierchen geschluckt. Da kamen dann immer mehr Leute dabei, die kannte ich nich, war aber auch egal. Ich hatte so einen Spaß an den Tag. Da hab ich dat alles mal schön gelöhnt für die Jungs.

Hast du Dir denn auch sonst was gegönnt?

Klar, ich hab dann erstmal Geld für ein altes Moped locker gemacht. War zwar uralt, aber dat fuhr und dat reichte mir. Nur wurde dat nach ein paar Tagen so langsam, da hab ich schnell den Spaß dran verloren. Am Ende hab ich 8 Kilometer gebraucht, um an so einem lahmen LKW vorbei zu kommen und als Krönung fällt direkt neben dem Wagen von die Bullen der Auspuff von dat Ding ab. Hab dat Teil dann schnell weitervertickt, aber mit richtig ordentlich Verlust.

Und dann hab ich gedacht, dat ich mal woanders hin muss. Urlaub haben wir ja nie gemacht, ich und meine Alten, und in die Sonne wollte ich immer schon hin. Da hab ich auf einen Urlaub gespart und nach ein paar Monaten hab ich die Kohle gehabt und wat gebucht. Eine Woche Malle, dat war schon wat für mich.

Und hat dir der Urlaub dann gefallen?

Und ob mir dat gefallen hat. Bis auf die letzte Nacht war dat voll geil, richtig spitze. Auch wenn du da alleine hinfährst, kriegste schnell Anschluss mit anderen Urlaubers. Ich hab mich da so einem verrückten Kegelclub aus den Ruhrpott angeschlossen. Die war'n so in meinem Alter und mit denen konnte man gut saufen. Die haben dat ja auch zweimal im Jahr gemacht und wußten, wo dat lang geht.

Ich hatte da so'n Hotel am Ballermann, dat war in der Nähe vom Hafen. Nachts war dat laut wie Sau auf die Flure von wegen die Partypiepels, aber dat war ich ja selber auch. Und wenn ich in dat Zimmer kam, hab ich nich mal mehr die Spiralen von dem durchgeknarzten Bett in meiner Plauze bemerkt, so besoffen war ich von die rote Weinplörre und dat Bier. Und am nächsten Tag ging dat mit die Jungs weiter. Wie man dat von RTL kennt, mit Eimer leer saufen und wie so'n gestrandeten Wal auf dem Bürgersteig rumliegen. Sowat hab ich vorher noch nich erlebt.

Aber du sagtest, die letzte Nacht war nicht so gut für dich. Was war denn da los?

Ja, weißte, die töften Kegelbrüders, die sind dann nach ein paar Tagen leider nach Hause geflogen und ich war alleine am Ballermann. Da musste ich erstmal checken, wie dat jetz für'n letzten Tag weitergeht ohne die Jungens. Hab mich dann in so 'ne angesagte Pinte gesetzt in eine Ecke und mir vorgenommen, den letzten Abend mit schön Promille hinter mich zu bringen. Muss wie Kacke ausgesehen haben, weil, als ich bei dem Eumel hinter der Theke ein Alt bestellt hab, sagt der doch für mich: „Hier, passend zu deinem Gesicht." Aber irgendwie hab ich da auch drüber gelacht. So is dat eben auf Malle. In Köln beim ruppigen Köbes is dat ja auch nich immer so nett.

Hört sich doch gut an. Was ist passiert?

Ja, weißt doch, wie dat so geht. Dat war 'ne doofe Frauengeschichte. Mit den wilden Kegeljungs hab ich da ja auch so ein paar Weiber angegraben, aber ich bin ja kein Adolis oder wie man den ollen Grieche da nennt. Da weiss ich schon, wo wat gehen kann und wo nich. Sechs Tage mit den Kegelers ging also nix mit Weibers außer rumtanzen und zusammen wat saufen.

Und dann?

Ja, und dann passierte dat. Ich saß da so voll angesäuselt in meiner einsamen Ecke und guck noch nach der super Ollen, die da auf einmal reinkommt. Als ich nochmal hochguck, steht die Sahneschnitte voll an meinem Tisch und fragt, ob ich sie zu wat einladen würde. Boah! Ich hab mir gedacht, dat ich jetz mal so auf alte Schule machen sollte und hab der Alten einen Cocktail ausgegeben. Dat war dann nich so billig, aber ich hab gedacht, ich geh jetz mal auf dat Ganze mit meiner letzten Kohle. Am nächsten Tag würde ich ja schon im Flieger sitzen und dat normale Leben hätte mich wieder in seine Fänge.

Nach einiger Zeit sagt die Alte jedenfalls in ihr'n gebrochenen Deutsch, ich wär der erste vernünftige Kerl, den sie hier gesehen hätte und fummelt bei mir an der Buxe rum. Haste dat schon mal erlebt?

Die ging aber ran.

Aber hallo, dat kannste glauben. Wo ich wohne, hat sie gefragt und gesagt, dat mein olles Hotel doch kacke is. Meinen letzten Abend auf der Insel soll ich schöner verbringen, mit ihr in so'n kleines Haus in so'n kleinen Ort – Calimero oder Calivia oder so – schön mit allem wat dazu gehört. Ja, dat lass ich mir doch gefallen. Fuffzehn Kilometer weg sei dat Kaff und die Olle wollte mich sogar am nächsten Tag zum

Flughafen bringen. Wat hatte ich denn da zu verlieren, frag ich jetz?

Naja, ein Restrisiko bleibt immer. Aber wer hätte da abgelehnt? Ich wahrscheinlich auch nicht.

Siehste, dat mein ich. Wir sind dann mit ihr´n Roller los und dat ging ab durch die Wälder bis zu einem schönen Haus. Dat sah ganz ordentlich aus, fand ich. Wir haben uns dat erstmal schön gemütlich gemacht und die Olle hat mir einen Cocktail gemixt, der dat in sich hatte. Halb leer war dat Glas und dann war Sendepause. Als ob einer bei mir in den Kopp auf dat Not-Aus gekloppt hätte.

Wie ich dann wieder wach werde, seh´ ich den Mond, aber nich den von Wanne-Eickel. Vollmond war dat und die Alte war weg. Ich lag auch nich mehr in der Hütte. Jetz lag ich in so ´ner Bretterbude mit Stroh oder so.

Und was hast du gedacht?

Ich hab gedacht, jetz is dat passiert wie man dat im Fernsehen sieht. Mich Idiot haben die betäubt und während ich hier penne, räumt die Olle mit ih-

ren Mackers mein Zimmer leer. Aber dann hab ich gemerkt, dat dat gar nich so war. Meine Kohle war nämlich noch da und der Schlüssel von dat Hotel auch. Dat konnte dat also nich sein, wat da abging. Wie ich noch so nachdenke, merk ich an meinem rechten Flunken dat Seil.

Angebunden hat die mich, die bekloppte Olle. Aber der Knoten war jetz nich schwer zu lösen, dat hab ich schnell erkannt. Ich fummele dann so an dat Seil rum, da hör ich dat.

Was?

Dat Knurren, wie von so'n Horrorfilm. Wie bei den Scherlock Holms da mit den komischen Hund, wat die immer im Fernsehen bringen. Nur jetz war dat kein Fernsehen, dat war echt. Und dat Viech, wat da knurrte, stand in der Tür von die Bude und hat mir in die Augen geglotzt. So wie dat guckte, wollte mich dat auffressen, dat war klar.

Ja, ich kann mir ungefähr vorstellen, wie du dich gefühlt hast. Wenn du weißt, was ich meine.

Klar weiss ich dat. Biste noch böse wegen die Nummer auf dem Parkplatz?

Nein, schon vergeben. Wie ging es weiter?

Ich hab erstmal rumgesucht, ob ich wat zum Draufkloppen finde, aber ich hab so schnell nix gefunden. Und dat Viech kam auf mich zu. Dat sabberte dabei und die Hauers ragten dem aus der Fresse, sowat hab ich noch nich gesehen. Dann hab ich mich erinnert, dat mein Alter immer sagte, bei einem schwachen Gegner soll man erstmal abwarten. Bei einem starken Gegner soll man aber sofort ordentlich draufkloppen, dat dem Hören und Sehen vergeht, damit der nich den ersten Schritt machen kann.

Hab ich ja in der Kneipe bei Willi auch immer so gehalten und dat hat mir oft den Hals gerettet, dat sag ich dir. Obwohl ich mich nich gerne Prügeln tu. Ich bin also los auf dat Viech und hab dem voll eine gezimmert, dat dat Ding fast aus der Tür rausgeflogen wäre.

Du hättest Profiboxer werden sollen.

Nee, nee, wart mal ab. Dat Viech is nämlich sofort aufgestanden und is mir voll auf den Körper gesprungen, dat ich hingeflogen bin und mit meinem Schädel auf den Boden geknallt bin. Dann ging dat erstmal voll ab und dat Viech wollte mich beißen, aber ich hab immer weiter drauf gekloppt wie auf kalt Eisen. Und dann, so mitten in die Rangelei, beißt mich dat Viech dann auch – in die Arschbacke, rechte Seite. Dat hat aber gezwiebelt!

Wie dat mit den Schmerz losging, da hab ich wohl Rot gesehen oder so wat. Dat war zu viel. Ich weiss dann nur noch, dat da dat Kantholz war und dat hab ich dem Viech auf die Birne geknallt, so ein paarmal volle Pulle. Da lag dat dann im Dreck und ich hab gesehen, dat ich wegkam. Hab einfach den Roller von der Alten geklaut - dat war die mir schuldig - und bin volle Kanne in Panik zu meinem Hotel gefahren.

Aber du warst doch verletzt. Warum bist du nicht erst zum Krankenhaus gefahren?

Weiß ich nich. Ich wollte nur in mein Zimmer und fertig. Meinen zwiebelnden Arsch hab ich dann mit kaltem Wasser in der Wanne gekühlt und dat ganze Blut weggemacht. Hab mir über die Nacht so'n gammeliges Handtuch vom Hotel um meine Kiste gewickelt, dat ich dat Bett nich vollsuppe mit dat Blut. Und nach zwei Pils bin ich dann auch eingeknackt.

Und der Morgen danach?

Boah, ging mir dat scheiße. Erst hab ich gemeint, dat war alles nur so'n Traum, aber dat blutige Handtuch hat mir dann gezeigt, dat dat alles echt war. Froh war ich, dat mein Arsch nich mehr am Bluten dran war. War 'ne fette Kruste an der Arschbacke, aber dat lief nich mehr so raus wie in der Nacht. Hab dann schnell meine Klamotten gepackt und ab ging dat zum Flughafen, weg von die beknackte Insel mit ihren komischen Viechers. Im Flugzeug hab ich dann voll dat Schütteln gekriegt, dat ich dachte, dat Viech hat mich mit die tolle Wut angesteckt, dat Sauviech. Dat Mädchen vom Flugpersonal hat mir dann Aspirin gegeben, weil ich so kacke da saß in meinem Sitz, dat ging dann bis Düsseldorf. Im Zug nach Hause hab ich dann ordentlich auf dem Klo gegöbelt, dat mir der halbe Magen rauskam und dann war ich endlich wieder in meiner Bude.

In deiner schmucken Wohnung mit Kelly Trump-Poster.

Gehört dat denn jetz auch hier hin? Ich guck´ eben gerne mal Filme und die Kelly, die kann dat richtig gut mit die Schauspielerei. Kommt ja auch hier aus der Stadt, dat fand ich dann passend mit dat Poster. So Zinn Zitty oder dat mit den toten Bill hat doch jeder Fuzzi in der Bude, ich aber nich. Hier gibt dat wat Vernünftiges an der Wand.

Naja, jedenfalls warst du endlich wieder zu Hause und alles ging seinen üblichen Gang.

Ja, wie man dat so nimmt. Obwohl mir dat echt nich gut ging, bin ich wieder malochen gegangen. Der Chef hat mir ja die Chance gegeben, da wollte ich den ja auch nich hängen lassen mit die ganze Arbeit und so. Aber dat war nich leicht. Immer war ich voll am Schwitzen und Zittern. Eines Tages fragt mich der Chef, ob ich Probleme hätte mit die Drogen oder dat Saufen. Aber dat hatte ich ja nich. Ich war nur krank, dat war alles. Der Chef hat mir dann geglaubt, bis an dem Tag, wo die Winkeltraverse in der neuen Waschkaue auf dem Kraftwerk abgeschmiert is und den Hannes Puzicha fast die Birne abrasiert hat. Da gab dat richtig Ärger, dat sag ich dir aber. Da war ich irgendwie nich richtig bei der Sache und dann is dat passiert.

Das war also knapp. Aber zum Glück ist das ja nochmal gut gegangen.

Klar is dat gut gegangen. Für den Hannes, aber nich für mich. Der Alte hat für mich gesagt, dat der mir nich glauben tut und ich seit den Urlaub nich mehr verlässlich wäre. Und dann war dat ganz schnell erledigt mit die schöne Arbeit, aber sowat von schnell. Der hat mir noch mein Restgeld auf die Bank geschickt und fertig. Da war ich jetz wieder wie am Anfang ohne Maloche und so, nur noch mehr im Arsch, weil ich dat ekelige Zittern hatte von die Krankheit.

Und jetz kommt dat Komische an der Sache. Zwei Tage nach der Nummer mit den Hannes und den Arschtritt von meinem Chef war ich wieder topfit. Dat mit den Schweißausbrüchen und dat Zittern war weg. Ich denk noch so, wat ich für'n Idiot bin. Hätt ich mir'n Gelben geholt und dat auskuriert, hätte der Hannes sich nich erschrocken und ich hätte noch meinen Job, ich Arsch.

Hast Du denn nicht versucht, nochmal mit dem Chef zu reden danach?

Nee, dat is nich so meine Art. Ich tu dat nich, so betteln um Irgendwat. Wenn wat klappt is gut, aber ich hole mir keinen braunen Zinken, weil ich irgendeinem Typ in den Arsch krieche für Irgendwat. Dat mach ich nich, im ganzen Leben nich.

Gut. Zurück zu deiner gesundheitlichen Verfassung. Wie ging es der Wunde an deinem Hintern?

Auch so'ne komische Nummer. Dat war nach ein paar Tagen wieder voll in Ordnung an meinem Arsch. Mit mei-

nem kleinen Spiegel hab ich mir dat mal angeguckt und die Narbe, die sah aus wie so'n Stern. Töfte, hab ich mir gedacht. Für so'n Muster musste in der Tattoo-Bude richtig Geld latzen oder wenn du dir dat reinbrennen lässt. Und ich hatte dat jetz für lau irgendwie bei meinem Urlaub dabei bekommen. Dat fand ich gar nich schlecht so nach einer gewissen Zeit. Dat hat wat, hab ich gedacht

Aber irgendwie war ja dann doch nicht alles wieder in Ordnung, mal abgesehen von der Arbeitslosigkeit, oder?

Mit der scheiß' Arbeitslosigkeit, dat konnte ich ja jetz erstmal nich ändern. Bin eben zu dat Arbeitsamt und hab mich da bekannt gemacht mit so 'ner ollen Schnepfe. Voll frech war die. War aber sowieso erstmal nix in Sicht und irgendwie war dat im Moment auch nich so wichtig. Denn da ging dat ja langsam los mit die nächtlichen Ausflüge.

Wann war das erste Mal?

Mein erstes Mal? Da war ich sechzehn und die Olle hieß ...

Holger, nicht DAS erste Mal. Die erste Verwandlung!

Hehe, dat weiss ich doch, Alter. Aber für so'n Scherzken muss doch auch mal wat Zeit sein, sonst wird dat hier zu dröge, wat?

Mhm.

Ja, gut, ich vergess' dat manchmal, wenn dat wat ernsthafter sein soll. Also, dat mit den vermehrten Haarwuchs, dat ging gut einen Monat nach den Arschbiss auf Malle los. Genau hab ich dat selber gar nich gerafft, aber dat muss wohl so gewesen sein.

Ich weiss nur, dat ich auf meinem kleinen Balkon saß und noch dachte, dat is ja heute echt ein schöner Abend, so wolkenfrei und mit den dicken Mond über mir. Da schmeckte dat Pils gleich doppelt, weißte? Aber auf einmal war dat blöde Zittern wieder da mit dat Schwitzen. Dann juckte dat überall an meinem Balch, vor allem da an meinem Arsch, wo dat Sternchen war. Wie ich mich so am Kratzen bin, fühl ich an meinem Hintern voll so'n dicken Haarbüschel. Ich denk noch, wat dat wohl sein kann und mehr weiss ich nich.

Keinerlei Erinnerung?

Nee, weil da war dat noch nich so wie nachher immer. Von dem Abend weiss ich nix. Nur dat ich am nächsten Morgen mit den Sonnenaufgang wach werde, weil dat so frisch war. Da hock´ ich Bekloppten wie so einer von die Flitzers aus´m Stadion nackig oben auf der Halde in Beckhausen. Hatte voll so einen komischen, pelzigen Geschmack in der Muhle und da merk ich, dat mir so`n halbes Karnickel in der Schnauze hängt - der Kopp mit einem Bein und wat von dem seinen Körper. Der Rest war weg, wohl in meiner Plauze. Boah, war dat ekelig!

Da hast du aber nachts eine gute Strecke zurückgelegt.

Nur, dat ich davon nix weiss. Garnix weiss ich von dat Ganze. Und jetz überleg mal. Am anderen Ende von der Stadt, keine Klamotten und dann noch dat fiese Karnickel in der Fresse. Ich wusste gar nich, wat los is. Gut, dat dat noch so früh war und mich keiner ge-

sehen hat da auf der Halde. Die hätten mich noch von den Bullen einfangen lassen.

Hab mich vorsichtig runter geschlichen und mir aus so einem Altkleiderdings usselige Klamotten rausgeholt und dann bin ich zu meiner Bude gelatscht. Hunger hab ich aber nich gehabt, war wohl wegen dem Mümmelmann. In den nächsten beiden Nächten is dat dann auch passiert. Einmal war ich morgens bei die Zeche Zollverein in Essen und dann noch, dat war der Hammer, bei dat Dortmunder Fußballstadion. Ausgerechnet bei die Dortmunders, dat war fast fieser als dat halbe Karnickel in meinem Maul.

Überleg mal, wat ich da Kilometers gemacht hab in einer Nacht. Zum Glück gab dat in Dortmund auch Altkleiders und einen so'n töften Lastwagenfahrer wie meinen Alten. Der hat mich dann an der Abfahrt von der 42 raus gelassen und ich konnte nach Hause gehen und pennen.

Du hast dich ja quasi über Nacht zu einem Langstreckenläufer entwickelt.

Dat kannste wohl sagen, aber ehrlich. Obwohl ich in der Schule beim Sport immer abgekackt bin und jetz so`ne Plauze hab von dat gute Essen und dat Bier. Kacke nur, dat so Rennen nich immer beim Vollmond sind, dann würd ich voll dat Preisgeld absahnen, aber voll.

Mhm, da wärst du aber im Vorteil als Wolfsmensch. Und man darf sich ja auch nicht in andere Läufer verbeißen.

Haste Recht, dat war doof, wat ich gesagt hab.

Stimmt. Aber egal. Hast du denn nach dem Kaninchen auch Menschen angegriffen?

Scheiße, dat is jetz ein wunder Punkt in meinem Leben. Weißte, ich kann echt so meistens mit Gewalt nix machen. Ich geh so Sachen lieber aus dem Weg. Ich hau nur in Gefahr und aus meinem Selbstverteidigungstrieb. Nur, wenn dat nich anders geht, aber ich fang keinen Streit an mit die Leute oder klopp mich nur. Dat mach ich nich...

Aber?

Aber wat? Ach so, aber dat meinste. Ja, dat war dann wieder so'n haariger Abend, wo ich mich voll mit den Pelz an meinem Balg in der Flora wiederfand und wat fressen wollte. Dat war dat erste Mal, dat ich dat alles bewusst mitbekam von die Verwandlung, ohne dat ich nachher Löchers in der Wahrnehmung hatte. Nur dat Wilde in mich hatte ich nich im Griff. Dat machte, wat dat wollte.

Und was wollte es?

Ja, dat wollte wohl, dat ich einen Mensch aufess' oder wat. Ich bin wie bekloppt quer durch die Stadt gemetert wie so ein Angeschossener. Dat war Herbst und schon früh dunkel. Da geht dat mit den Pelz immer eher los. Is aber auch besser, weil dat dann schon wat kälter is in der Nacht. Bin also rumgerannt auf allen Vieren wie so'n Viech und hab wat zum Futtern gesucht. Oder dat Wilde hat wat gesucht, ich konnte dat nich ändern. Ein paar Leute hab ich gesehen. Aber irgendwie hab ich dat hingekriegt, dat ich die nich aufess'. Bin dann weitergerannt bis zu dat Schloss mit den Park. Da war dat aber dann vorbei mit die Kontrolle. Da kam in der Dunkelheit so ein dicker Kerl in so ′ner himmelblauen Joggingkluft angetrabt. Für mich in meinem Wahn roch der wie so′n Spanferkel mit einem Appel in der Schnauze. Die arme Sau wollte nur paar von seinen Kilos wegrennen und ich wollte den essen. Wat schlimm...

Wolltest du nur oder hast du auch?

Alter, ich wollte dat ja eigentlich nich! Dat Wilde wollte dat. Ich bin dem Dicken dann hinterher gerannt und dat hat der gemerkt. Weil dat aber so′n Fetten war, ging dat mit dem seiner Flucht nich so gut und dann hab ich den gerissen im vollen Lauf. Wie wild hab ich an dem rumgezerrt, wie dat kaum geht. Dat war wat. Der Fette hat voll gequiekt wie dat Ferkel, von dem ich gerade erzählt hab und gezappelt. Dat hat mich aber noch wilder gemacht und ich hab noch mehr an dem rumgezerrt. Voll Rot gesehen hab ich wegen dem.

Hat er überlebt?

Ja, dat nehm ich an. Weil, als dat Rotsehen wieder weg war, war der Dicke auch weg. In der Schnauze hatte ich nur wat von dem seiner verschmierten Joggingbuchse. Eingekackt hatte der sich und dat war in der Muhle voll fies. Da is so´n halbes Karnickel nix gegen. Der Geschmack von dem seiner Kacke und dem sein Schweißgeruch hat mich wieder auf den Teppich gebracht und dat hat mir die Augen geöffnet irgendwie. Dat tut mir jetz noch leid, wenn ich dem eine Todesangst gemacht hab. Da schäm ich mich für, dat kannste glauben. Aber dat war ja auch für wat gut.

Welche Erkenntnis hast du denn aus der Sache gewonnen?

Ja, wenn dat Fell über meinem Balg wächst und ich einen von meinen Mitmenschen essen will, muss ich nur an den Fetzen von dem Dicken seiner Buxe riechen, dann geht dat weg und ich hab nur Bock, Viechers zu essen. Karnickels eben und Katzen und so. Dat is jetz vielleicht fies und tut mir dann auch wat leid wegen die süßen Viechers, aber is besser als einen Mensch futtern und seitdem hab ich immer dat Stück vom Jogginganzug dabei. Wenn ich dat dann beim Verwandeln schnüffel, dann is dat gut und ich ess' keinen Mensch auf.

Aber mich hast du doch angegriffen trotz der Jogginghose...

Nee, dat ging nich gegen dich. Ich hab nur in der Nacht nix gefangen und voll Kohldampf gehabt. Da hab ich dann dat leckere Futter für deine Viechers geschnüffelt, wat du in dat Auto gepackt hast und dat wollte ich dann haben. Mehr war dat nich.

Aha.

Jedenfalls dat mit dem Stofffetzen zum Schnüffeln, dat is wat, wat ich vorher nich wusste von die Werwölfe. Eigentlich wusste ich ja sowieso fast nix von so echten Wolfskerlen außer dat in dem Märchen mit dat Rotkäppchen und dat wars. Dat musste ich ja alles erstmal lernen, wie dat in echt so läuft.

Gibt es denn Möglichkeiten, sich darüber zu informieren? Irgendwelche Bücher?

Büchers?! Jetz fängste aber am Spinnen an, wat? Mit dat Lesen hab ich dat noch nie so gehabt. Bilders gucken in so Magazine für Alleinstehende, dat hab ich immer hingekriegt, aber wat Lesen, dat macht meine Birne voll platt. Nee, dat Lesen, dat kannste selber machen. Aber Filme gucken, dat kann ich super, dat raff' ich auch mit ein paar Pils in der Plauze.

Filme also.

Ja, Filme. Ich mein, dat Filmegucken, dat hatte ich immer schon drauf. Dat fing ja schon an, als dat früher immer so Filme für Blagen gab. Dat war dann immer am Sonntag und für ein paar Mark gab dat alles. Dat japanische Monsterzeugs, da war auch wat mit so einer fliegenden Schildkröte. Und auch so Horrorsachen, aber nix so dolles. Und den Sindbad mit so Monstern hab ich da auch gesehen, dat war immer top für die kleine Mark. Also mit Filme, dat ging immer, dat hat mich nich die Birne am Qualmen gemacht, alles prima immer. Und Montags in der Schule war dat Stoff zum erzählen.

Und jetz wollte ich halt mal wat wissen über dat Werwolfleben. Weil ich dat mit Kohle verdienen momentan nich so hatte, bin ich am Samstag zum Trödel gerannt, wo da immer so'n lustiger Kerl alles Mögliche auf DVD verkaufen tut. Früher konnte man bei dem auch immer so Filme kaufen, die dat nich mehr geben durfte. Dat war dann sowat mit einem Cover, wo ein Schädel in Säure treibt oder mit so einem Kerl, der seinen Bauch aufhat und sich selber am Aufessen is. Dat wollte ich gerne sehen, aber dat war mir dann immer zu teuer, dat konnte der dann nich an mich verkaufen. Hast Du sowat mal gesehen? Wie is dat denn?

Mhm, nein, sowas kenne ich nicht....

Schade, dat hätte ich gern mal gewusst, wat dat überhaupt war. Na, jetz is dat ja auch egal nach die lange Zeit. Vielleicht kommt dat mal im Fernsehen, da kommt ja alles irgendwann.

Und welche Filme hast du dann gekauft?

Ich hab den gefragt, wat der so mit Werwölfe hat für wenig Geld. Erst hat der angefangen, dat billiges Zeugs auch nix is, aber weil der mich jetz schon lange kannte, hat der mir ein töftet Angebot gemacht. Dat war´n dann auch so Filme aus die Zeit von meinen Alten ohne Farbe. Die war´n mit einem Ami, Lon Schanei war dem sein Name und dat waren zwei Filme mit dem. Dann gab dat noch ein so´n Teil von einer ganzen Serie. Hoffling oder so hieß dat. Jau, und zwei waren noch mit einem Typen der Paul hieß. In dem seine Filme gab dat alles so Namen wie von die Spaniockels auf Malle, dat war komisch. Ach, ja, und dat Ding mit den amerikanischen Werwolf, wo die da in dat Moor spazieren im Urlaub. Dat hab ich dann erstmal alles geglotzt, damit ich weiss, wat für ein Typ ich überhaupt bin mit meinem Fell.

Hat dich das weitergebracht?

Ich sag mal, dat war schon anders bei den Schanei. In dem seine Filme hat der immer nur an die Hände und am Kopp Fell gekriegt und dat Hemd sah immer aus wie frisch mit einem Bügeleisen gestreichelt. In dem einen Film is der von seinem Alten mit einem komi-

schen Stock plattgemacht worden, aber in dem anderen Film lebte der dann wieder. Komisch, wat die Amis sich da ausgedacht haben. Und wegen die fehlende Farbe war dat erst auch nich leicht zu gucken. Aber den sein anderen Film, dat war voll lustig mit so einem Dicken. Da gab dat dann auch so einen Dracula und den Typ da mit den viereckigen Kopp, den Frankenstein. Dat war so auf lustig, aber mit meinem Leben hatte dat nix zu tun. Der Dracula war den Dicken immer so am Hipponitisiern und der war dann immer so lustig am Gucken. Ich kenne so einen Dracula aber nich hier in der Stadt und so einen viereckigen Schädel gibt dat nur nach dat Saufen. Dat war also erstmal nix mit Weiterbildung.

Und die anderen Filme, waren die aufschlussreicher?

Wie jetz?

Ich meine, hast du da erfahren, was du wissen wolltest?

Ich hab dann den Hoffling geguckt, da war ja so ein dritten oder achten Teil von eine ganze Serie, aber die an-

deren hat der Typ vom Trödel ja nich mehr da gehabt. Also dat war schon komisch, weil dat wat mit Australien zu tun hatte. Weißte ja, dat Land, wo dat so abgedrehte Viechers gibt. Kängurus, Colabären und die komischen Köters, Dingdongs oder wie die Australier dat nennen. Ja, und da gab dat dann in dem Film auch Werwölfe. Und weil da in dat Land alles so Beutelstiere sind, die ihre Kinders immer vorne am Bauch in so einem Sack rumschleppen, waren die Werwölfe auch so Beutelsviechers. Ich mein, als Mann haste ja auch 'n Beutel, aber dat is ja wat anderes.

Dat war alles so billig in dem Film mit so Gummimasken wie vom Karneval, weißte? Und dat war auch nich so wie in echt. Langweilig war dat auch, aber ich kenn ja jetz auch nich die anderen Teile. Dat kann sein, dat ich da wat nich verstanden hab von die gesamte Geschichte. Dat war aber der von die ganzen Filme, der am wenigsten gekostet hat. Hab ich einem Nachbar geschenkt nach dem Gucken.

Also war dein Kauf nicht wirklich hilfreich. Ich meine, die Filmleute denken sich ja eh allerhand Unsinn aus und vielleicht hat keiner von denen einen echten Werwolf kennengelernt.

Dat kann sein. Ich find dat nur blöd, wenn die Filme machen über Sachen, von denen die nix wissen. Dat is nich gut. Aber ich hatte ja noch wat zum Gucken. Weiter ging dat dann mit den komischen Paul. Dat war so'n kleiner kompakter Kerl, der hieß im Film Waldemar und den hat dat Werwolfleben nix zu bieten gehabt. In den einen Film war der am Anfang tot in einem Leichenschauhaus. Und da kam dann wat, dat hab ich schon mal gehört. Dat war dat mit die Silberkugel, mit die man einen Werwolf kaputtkriegt. Da lag der Waldemar jetz so voll bei den Arzt auf die Pritsche und der Dulleck hat den Paul die Silberkugel aus der Plauze operiert. Und dat noch in der Nacht beim Vollmond. Ja, da hat der Arzt mit seinem Kollege aber die Arschkarte gehabt. Der Waldemar is wieder am Leben angefangen und dat mit die Behaa-

rung ging auch voll los. Den einen hat der Paul in seinen Hals gebissen dat dat voll am Bluten war. Voll brutal war dat. Später kam dann noch so'ne blonde Olle dabei, die den Paul ihr Herz geschenkt hat und dann noch so ein weiblicher Dracula. Die Draculatante ist immer so voll langsam gelaufen, so wie wenn die Eumels in der Sportschau in Zeitenlupe den Ball fliegen lassen. Und dann gab dat einen Kampf mit die Vampirtante und den Wolfmann, dat fand ich gut. Aber nicht gut fand ich, dat die Blonde den Paul dann mit so einem Kreuz abgestochen hat, weil die den lieben tut.

Wat ein Blödsinn. Dat macht man doch nich mit seinem Liebsten. Aber ich glaube, in den Film wollte dat der Waldemar, weil der auch immer so traurig am Gucken war. Der wollte dat wohl nich mehr mit die Behaarung. Oder der hat dat mit die Kompression im Kopp gehabt, wo man da immer so wenig Lust hat auf alles. Dat gibt dat ja manchmal bei ein paar Leuten. Hätte der da im Film wat zum Schnüffeln ge-

habt wie ich, hätte der Waldemar mit die blonde Olle leben können. Der Film hatte dann aber auch nix mit mir zu tun.

Und der andere Film mit...Paul?

Der andere war auch wieder wat mit so einem Dracula. Ich weiss gar nich, wat dat immer soll. Da sah der Paul noch jünger aus, dat war wohl ein älterer Film mit dem. Der hieß aber wieder Waldemar. Und der Dracula, der hieß in den Film nich Dracula und is dann auch mal wie so ein Spinner in der Nacht durch so Ruinen und in die Wälders rumgetanzt, dat ich dachte, der is voll am Spinnen dran. Dat war schon fast wieder lustig, aber nich so wie der olle Film mit den Dicken und den Schanei.

In den Film mit Paul gab dat erst ein anderen Werwolf und als der Paul mit dem gekämpft hat, wurde der von dat Viech gebissen. Und jetz kommt wat, dat war wie bei mir. Weil der Paul von den Werwolf gebissen wurde, is der auch zu so einem Verwandlungskünstler geworden. Dat war wie bei mir und meinem Arschbiss auf Malle. Siehste, hab ich gedacht, geht doch, dat die in so einen Film auch mal wat Konkretes reinpacken.

Wie ging es dann weiter? Auch wie bei dir?

Nee, dat war dann wieder voll panne. Weil der Paul dat nich wollte mit den Verwandeln, hat der seinen Kumpel gefragt von wegen einem guten Arzt. Und dat war dann der Draculatyp. Dat war aber kein Arzt für dat Blutspenden sondern einer für dat Blutsaugen. Wat ein Unsinn. Mit die Heilung hat dat aber nicht geklappt. Wie dat Ende war, weiss ich jetz nich mehr so. Da hab ich mir ein paar Bierchen bei reingetan und dann is dat alles so in meinem Rausch verschwunden. Ich glaub, am Ende war der Draculatyp kaputt und dat mit den Paul ging auch nich gut aus. Ich glaub, der war dann auch weg vom Fenster am Ende. Aber immerhin gab dat da schon so paar Paro...Parralolitäten...ja eben so wat wie in meiner Geschichte, nur dat Aussehen von den Paul mit seinem Fell, dat war natürlich wieder anders. Aber einen von die Filme hatte ich ja noch, dat musste wat werden, hab ich mir gesagt.

Der amerikanische Werwolf. Den hab ich selbst auch als Kind im Kino gesehen. Der war doch was, oder?

Jau, dat kannste laut sagen. Mit dem hat mein Kumpel vom Trödel voll in dat Schwarze rein getroffen. Dat fing schon an mit einem Urlaub, also dat passte voll gut. Da sind zwei Kumpels also im Urlaub in so 'ner nebeligen Gegend, dat war spannend. Und wie die da so am rumlaufen war'n um einen Platz zum Pennen zu finden, da war dann dat Geräusch von den Werwolf. Dat kennste ja vom Parkplatz wo du mich am Füttern warst. Ja, und dann sind die von dat Viech angegriffen worden, aber sowat von. Der eine, den hat der Werwolf plattgemacht und der andere, der is nur verletzt worden und dat wurde dann der neue Werwolf.

Wie der sich dann am Verwandeln war, dat war schon wie echt. Da hab ich so für mich gedacht, wat dat eigentlich ein Wahnsinn is mit der ganzen Kno-

chenverschieberei und dat Fell und dat alles. Da hab ich dat erstmal so von 'ner anderen Seite gesehen, wie dat so läuft. Wenn ich dat mach mit die Verwandlung, dann tu ich dat ja selber nich sehen. Dat war dann richtig wat Interessantes, aber ehrlich. Leider hat der in den Film auch nich sowat zum Beruhigen gehabt wie ich mit meinem Stoff von der Joggingbuxe. Der hat dann voll Leute plattgemacht. Gut dat ich sowat nich mach, hab ich gedacht. Komisch bei den Film war nur, dat der Werwolf immer Besuch von seinem toten Kumpel gekriegt hat. Der war so immer mehr voll am Verwesen dran so wie ein alter Zombie. Aber gesprochen hat der mit den Werwolftyp, dat der selber sein Leben beenden muss, sonst hört dat nie auf. Dat fand ich heftig.

Soweit ich mich erinnere, war das aber auch ein wenig lustig gemacht.

Ich weiss nich, ob dat so lustig is. Wenn ich mir vorstelle, dat bei meinem Abenteuer auf Malle mein dicker Kumpel Andreas dabei gewesen wär und dat nich überlebt hätte. An dem wär ja richtig wat dran, wat verwesen kann - dat wär'n dann schon viele Besuche als Zombie, bis der ganz weg wär mit dem ganzen Fleisch, wat der an seinem Körper hat.

Aber wenn ich dat mal so durchspiele, braucht der gar nich verwesen um zu stinken. Weißte, bei dem is die Wanne schon so ein halbes Jahr verstopft und dat Wasser da drin sieht aus wie da der eine gelbe Fluss bei die Schlitzaugen. Und in seinem Waschbecken liegen Donald Duck-Hefte mit 'ner dicken Staubschicht drauf, dat is komisch. Deshalb müffelt der Andreas jetz schon seit ein paar Jahren so rum, is nich schön. Ich hab ihm mal gesagt, er soll dat Wasser in der Wanne mal mit einem Tauchsieder rieseikeln, dat fand der aber nich lustig. Lustig fand der auch nich, dat ich mal gefragt hab, ob der in den ganzen Tellern mit Nudelresten in der Küche Spinnen züchtet.

Sehr appetitlich. Aber stinken muss man heute nun wirklich nicht mehr. Da gibt's doch Deos und so.

Und der Andreas hat von Natur aus immer sowat drauf wie Achselschweiß Delücks oder so, hehe.

Lass uns lieber wieder von dir reden. Wir waren beim amerikanischen Werwolf.

Jau. Also der Zombietyp hat den Werwoltyp ja dann gesagt, dat der sich selber umbringen muss, damit dat aufhört. Am Ende wurde der Wolfmann dann aber von den Bullen abgeknallt und dat war's. Dat passiert mir ja hoffentlich nich. Aber weißte, wie der aussah da in den Film, der Wolf, dat hat dann voll gepasst. Weil der is genauso auf allen Vieren rumgelaufen wie ich dat mach beim vollen Mond. Die dat gefilmt haben, die haben voll gewusst, wat so einen Werwolf ausmacht mit allem drum und dran.

Und was hast du daraus gelernt?

Ja, ich bin ja kein Doofkopp. Wat ich gelernt hab war einfach aber wichtig für mein weiteres Leben. Und dat war: Tu nich mit tote Kumpels reden und lass dich nich in der U-Bahn erwischen mit dat Fell. Dat kann böse ausgehen, kann dat. Aber hier bei uns is dat mit die U-Bahn ja nich so dolle, da gibt dat nur ein kurzes Stück und dann hatten die Dullecks damals die ganze Kohle für dat Tunnelwerk verblasen. Dat war dat dann mit unserer tollen U-Bahn, aber is für mich ja auch besser jetz.

Na, immerhin. Nun nochmal was zum Leben als Werwolf. Hat sich da auch im Alltag was verändert für dich oder betrifft das nur die Nächte mit Vollmond?

Nee, nee, da is schon wat mehr dabei gekommen, an dat ich mich erstmal gewöhnen musste. Ich weiss ja nich, ob du dat überhaupt weißt, aber die normalen Köters, also alles von so einem kleinen Schiwawa bis zum dicksten Bernhardiner, die stammen alle vom Wolf ab.

Das ist mir bekannt.

Ich mein, dat mal einer von die Studierten im Fernsehen gesagt hat, dat unsere alten Vorfahren, die da in der Höhle gehaust haben, dat alles ins Rollen gebracht haben. Wenn die da so mit einem leckeren Mammut oder so einem fetten Elch von die Jagd in die Höhle gekommen sind, dann gab dat draußen immer so Ärger mit die Wölfe. Damit die nich zu nah an die Urmenschens in ihre Höhle rangekommen sind, haben die Neandertalers den Viechers draußen immer dat Geschlonze hingeschmissen, wat die selber nich essen wollten und dat haben die Wölfe gefressen.

Und mit die Zeit, so nach ein paar Wochen, war'n die Viechers dann zahm und haben den Neandertalers nicht mehr die Hand abgefressen sondern bei die aus der Hand gefressen wie unsere Köters jetz. Und ab da war dat dann der beste Freund von dem Mensch, der Wolf, und hieß dann Hund. Wie die Neandertalers auf den neuen Namen gekommen sind, hat der schlaue Typ in der Flimmerkiste nich gesagt. Ja, alles wissen die auch nich, die Studierten. Kannste mal sehen.

Ja, und wie hängt das mit dir zusammen?

Ja, ganz einfach. Weil die Köters eigentlich tief in ihrem Inneren noch Wölfe sind und ich in meinem Inneren auch, versteh´ ich voll, wat die Viechers so labern den ganzen Tag. Ich mein, dat mit dem Slang is manchmal nich so einfach. Wat meinste, wat so ein Pekinese Probleme hat mit dat „R", da sagt der immer „L". Dat musste erstmal wissen.

Du willst mir also ernsthaft erzählen, du kannst mit Tieren reden wie Dr. Doolittle?

Nee, der kann ja mit allen Viechers reden und der is ja der Eddie Mörfi, dat hat nix mit mir zu tun. Ich hab erstmal nur mitgekriegt, dat ich Köters versteh', keine Vögels oder Fische oder sonst wat, nur Köters. Und wat die manchmal erzählen, dat is schon lustig. Manchmal kriegste auch Mitleid mit so einem armen Viech. Einmal hat mir so`n Pinscher mitgeteilt, dat der täglich Angst um sein kleines Leben hat.

Warum?

Weil dem sein Frauchen so wat von fett war, dat kannste Dir nich vorstellen. Dat war so eine 200-Kilo-Maschine, da hat der kleine Köter immer Angst gekriegt, wenn die Olle sich zuhause auch nur leicht bewegt hat. Da hat der Köter immer gedacht, dat der mal spurlos in einer von die fetten Falten von seinem Frauchen verschwindet. Ob dat stimmt, weiss ich nich, aber dat is dat, wat der mir erzählt hat. Aber wat der erstaunt war, dat ich den verstehen konnte, dat kannste glauben. So einen wie mich hatte der noch nich gesehen in seinem kurzen Leben, hat der mir verklickert. Dat sagt mich dann, dat ich wohl auf meine alten Tage doch noch zu wat Besonderem geworden bin mit meiner Fellnummer.

Hast du denn sonst noch Interessantes erfahren von den Hunden?

Ja weißte, insgesamt tun die meisten sich so unterordnen, dat die sogar oft Schiss haben, mit mir zu reden. Vor allem die kleinen Köters sind da zu zurückhaltend. Aber manchmal sind dat auch Asis. Da tun die mich ankläffen in die schlimmste Form – einer hat mal Halb-und-Halb-Arsch für mich gesagt. Ja, also erst beleidigen die dich und dann geht dat schnell bei Frauchen hinter die Tasche Schutz suchen und auf Ängstlich machen, die Schauspielers. Am besten is dat immer mit große Hunde, die schon wat älter sind. Die wissen wat wie läuft und dat is bei diesen Viechers so, dat die nix beweisen müssen und voll froh sind, wenn die in ihrem eigentlich kurzen Leben in einem guten Haushalt gelandet sind. Manche sind traurig, weil die nach einiger Zeit als Blagen von ihren Familien getrennt wurden, aber wenn dann dat Futter stimmt und neben dat Sofa von den Menschen so ein schönes Plätzchen frei is, dann kommen die klar.

Mit dieser Fähigkeit könntest du doch gutes Geld verdienen.

Dat hab ich mir auch überlegt, aber dann muss ich dat ja jedem sagen, wat mit meinem Körper los is. Und dann hab ich den Salat mit die Papperazzis und die ganzen Spinners, die wat wollen. Stell dir mal vor, ich würd dann da sitzen bei den Jauch oder den Lanz mit allen solchen Promis aus der Flimmerkiste. Mit die könnte ich doch gar nich reden. Über wat auch? Und die Politi-

kers, die tu ich doch gar nich alle so kennen und dann bin ich auch noch so voll rappelig am Ende. Nachher sag ich noch zu die Merkerl: „Tach, Frau Führer!" oder sowat und dann is die Kacke am Dampfen dran, aber voll. Dat muss gut überlegt sein, so ein Schritt. Vielleicht mach ich mal wat, aber im Moment halt ich den Ball nochmal schön flach, ne?

Aber dann hat dir die neue Fähigkeit ja eigentlich nicht viel gebracht.

Nee, dat kannste jetz auch nich sagen. Dat war zumindest immer interessant. Ich hab dann immer geguckt, mit wem ich sonst noch labern kann von die Köters und so. Dat hat Spaß gemacht.

Aber du könntest wirklich mehr aus deinen Fähigkeiten zu machen und was lernen.

Aber jetzt erstmal nich. Für dat Lernen is wenig Zeit in Moment, wo ich mich erstmal selber finden muss, weißte? Aber ich fand dat ja nich schlecht mit die Köters zu reden und weil mir dat Spaß machte, bin ich zum Tierheim gegangen und hab da mal gefragt, ob die wat mit mir anfangen könnten. Von meinen Gesprächen mit die Viechers hab ich nix erzählt, aber dat ich gut mit Hunde klarkomme. Dat fanden die gut. Kohle gab dat nich, aber ich konnte da kommen, wann mir dat passte. Ich bin dann immer dahin und wat glaubste, wat dat ein Elend is. Die armen Köters sitzen da in der Zelle und finden dat echt kacke. Manche haben voll aufgegeben, mit die hab ich mich dann mal befasst.

Wat die sauer waren, dat gibt dat nich. Immer, wenn da mal ein paar Leute am Gucken waren wegen einem neuen Haustier, sind die ausgerastet und dann gab dat Ärger. Haben wollte die Keiner, dat kannst Dir ja denken. Da muss ich helfen, hab ich mir so gesagt und dann in stillen Momenten hab ich mir die schwersten Fälle mal vorgenommen. Ich hab denen gesagt, dat die mal ruhiger werden müssen, wenn die da raus wollen. Die haben aber so Stunk gemacht, weil die nich wussten, wat dat überhaupt für Leute sind, die da immer gucken. Also hab ich die Köters über ihre Wünsche bei einem Herrchen ausgefragt und dann immer mit die Leute geredet. Dann hab ich die Köters dat alles erzählt und wenn dat passte, konnten die auch mal die Fresse halten und auf Lieb machen. Und schon lief dat und die hatten ein prima neues Zuhause wie die dat wollten.

Machst du da jetzt immer noch im Tierheim?

Nee, leider nich mehr. Ich hab ein doofen Fehler gemacht und dat war, an dat Futter von die Köters dranzugehen. Die haben da ja immer Probleme wegen keine Kohle für Verpflegung und dat meiste wird gespendet.

Nur hab ich so Gefallen an dat Trockenfutter für Köters gefunden, dat ich dat gerne mal naschen tu. Da hab ich dann immer mal wat abgezweigt für mich und bin voll erwischt worden. Dat fanden die nich gut und haben rumgemotzt und dann wollten die nich mehr, dat ich da mitmache in den Verein. War auch blöd, wat ich da gemacht hab, aber dat war zu leicht, sich mal wat vom Futter zu nehmen. Am Ende biste schlauer, ne?

Dann waren deine Hundegespräche also erstmal vom Tisch?

Ja, erstmal war dat erledigt. Aber ich hatte schon so´ne neue Idee um wat mit meinen neuen Sprachkenntnissen auszuprobieren. Obwohl dat dann nich so gut geendet is für einen von meinen neuen Gesprächspartners.

Wieso?

Ich bin mal einen Tag bei uns in den Zoo reingekommen, als die da voll die Baustelle hatten. Weißte, ich zieh mich ja jetz nich so schnieke an wie dat Normalvolk und dat war an dem Tag gut, weil die dachten, ich gehör zu die Malochers da. Da hab ich dann nix gelöhnt und mir gedacht, geh ich mal so rein für lau – klappt oder nich. Hat aber geklappt, hehe.

Da bin ich dann in die Alaskawelt gewesen bei die Eisbären und die Robben und so. Weißte, mit die Eisbären is dat auch interessant, wat die sprechen hört sich fast so an wie dat Gelaber von die Holländers. Aber weil ich die Käs-

köppe nich verstehe, hab ich dat Gesabbel aus der Eisbärenbude auch nich verstanden. Mit Lernen werd ich vielleicht doch noch so ein Doktor Dulittel, wat meinste?

Wer weiss?

Jedenfalls bin ich da im Zoo dann bei die Wölfe gelandet, und wat sag ich dir? Dat war'n voll die Labertaschen. Voll die Checkers. Im Knast sitzen aber eine Fresse am Leib, dat glaubst du nich. Rannten da im Kreis wie so stolze Gockels und haben zu mir alles mögliche an Beleidigungen gesagt, bis ich meinte, dat die in ihr'm Gehege wohl ärmere Säue waren als ich. Dann war dat ruhiger. Dat kannten die nich, dat da mal einer wat dagegen sagt, wat die so von sich geben. Die andern haben mich dann nich mehr mit den Arsch angeguckt, so beleidigt waren die. Kann ich doch nix für, wenn die mit die Wahrheit nich klarkommen, hab ich mir gedacht.

Also, mit die war dat dann nix mit Freunde werden, aber einer von die Jungens war anders. Dem sein Name war Lupo. Dat fand der nich so dolle, aber unter sich haben die Viechers keine Namen und dat Zoopersonal fand dat wohl passend. Lupo is dann dabei geblieben und hat mich noch am ersten Besuch seinen Name gesagt. Dat war schon ein töfter Wolf.

Hast du ihn dann regelmäßig besucht?

Weil dat mit die Baustelle noch voll lange lief, hat dat immer gut geklappt dat ich da umsonst reinkommen bin in den Zoo. Dat hat mir dann schön die Möglichkeit gegeben, mit Lupo auch mal länger zu labern über alles, wat den so im Kopp rumging.

Und das war?

Na, dat waren den seine Sorgen, weil dat mit die Frauen nicht klappte in seinem Knast. Und dann wat, dat mich auch nervte. Weißte, wenn du da so rumrennst in der Botanik, dann gibt dat da genug Viechers, die dir an dat Blut wollen. Mückens und so Zeckens und die Flöhe. Dat is widerlich, wenn Du da morgens wach wirst und der ganze Balch is angestochen oder die Zeckens hocken zwischen die Arschba-

cken. Dat hab ich gehasst und dat ging den Lupo auch so. Wat zu fressen gab dat für die im Zoo, aber glaub nich, dat die mal ein Flohhalsband gekriegt hätten. Nee, dat war wohl zu viel.

Ich hab mir ja dann beholfen, bin bei den Futternapf oder wie dat Geschäft heißt rein und hab mich eingedeckt mit allem gegen Parresiten. Einmal im Monat tu ich mir jetz dat Flohhalsband um die Gurgel und schmier mir dat Antizeckenzeugs hinten auf den Hals. Dat brennt dann wat, aber hilft, dat Zeugs.

Welche Unterhaltungsthemen hattet Ihr noch?

Dem Lupo seine Gedanken über dat Leben. Dat war kein leichtes Leben, dat der hatte. Wie so ein Heimkind, dat immer wieder von einem Heim in dat nächste geschickt wird, ohne dat der mal irgendwann in die Freiheit kommt. Dat hat den echt gewurmt, dat der immer nur in so einem kleinen Gehege rumrannte mit seinen doofen Kumpels. Der wollte raus, dat hab ich sofort gemerkt. Der is auch nie richtig warm geworden mit die anderen Wölfe. Voll der Außenseiter war dat irgendwie, dat hat dat für den Lupo auch nich leichter gemacht hinter den hohen Zaun. Der hat dann immer gelabert, dat der abhauen will aus seinem Gefängnis. Dat der heimlich trainiert, damit er irgendwann mal über den Zaun springen kann wie so einer von der Olympiade. Mit Anlauf volle Kanne und weg.

Ich hab ihm ja abgeraten, aber ohne dat ich dat gemerkt hab, hat der mir dann so lauter Fragen gestellt, wie dat so is draußen und wat da für Gefahren lauern. Dat ich unsere Stadt so schön beschrieben hab, dat hat den wahrscheinlich noch mehr am Grübeln gebracht wegen die Freiheit. Da konnte ich noch soviel reden, dat er dat doch eigentlich im Zoo hat wie in einem Hotel mit alles inklusive, weißte ja. Auf dat Ohr war der Lupo dann taub, dat hab ich aber zu spät gemerkt, sonst hätte ich dem gesagt, dat dat draußen alles totale Scheiße is und nich schön. Am Ende biste immer schlauer, heißt dat ja nich umsonst. Also ich sag keinem Wolf im Zoo mehr, dat dat hier draußen schöner is, dat schwör ich dir aber.

Ich hab selbst was über die Geschichte geschrieben damals. Aber erzähl mal.

Ja, dat war überall, auch im Fernsehen, die Nummer. Weil, eines Tages is der Blödmann tatsächlich abgehauen. Keiner hat dat gesehen, aber der muss wohl voll in echt über den Zaun gesprungen sein wie Skippy dat Buschkänguru aus meiner Kindheit. Töfte Leistung, aber dat war ja am Ende nich für seinen Vorteil. Wie man dat hörte, hat der Lupo sich im Zoo erstmal noch gestärkt für die Reise. Dat wat man sich erzählte war, dat der in der Afrikawelt wohl noch einen von die Geiers gefressen hat und dann ging dat ab in die Stadt und keiner hat dat mitgekriegt. Da hat der Lupo sich schon clever angestellt - später ja nich, obwohl dat vielleicht auch mein Fehler war.

Soweit ich mich erinnere, war der Wolf ja einige Tage verschwunden.

Ja, der Lupo is für ein paar Wochen voll abgetaucht. Keiner hat wat gesehen, keiner hat wat gehört. Ich hab dem ja immer gesagt, dat man alles fressen darf. Karnickels, Katzen, Vögels, aber nie einen Mensch aufessen. Dat hab ich dem klar gemacht und zum Glück hat der sich da dran gehalten. Dat war wenigstens wat, wat er auch richtig gemacht hat. Dat scheint, dat der durch mein Gelaber auch wusste, wo dat gute Verstecke gibt, wo ihn keiner finden tut. Dat hat der auch gut gemacht mit dem Untertauchen.

Ich bin immer so durch die Parks und am Kanal rumgelaufen in die Hoffnung, dat der mich mal sieht und dat ich dem dann helfen kann. Aber ich hab den nich mehr wiedergesehen. Der is weg, hab ich gedacht. Schon so halb auf den Weg nach die Heimat von seinen Väters irgendwo da bei die Russen und die Königin Sylvia. Dat letzte Mal, dat ich dann von den Lupo gehört war bei dem seinen schlimmen Unfall, und da werf ich mir dann selber wat vor. Der is nämlich auf der A42 von einem Auto plattgemacht worden, die arme Sau. Den hat einer mit Tempo 100 nich mehr rechtzeitig gesehen und dann hat dat Klatsch gemacht und dat war dat für meinen Kumpel Lupo.

Ich hab dem einfach nix von den Autos erzählt, weil ich dat selber mit dem Führerschein nie hingekriegt hab. Hätte ich selber mal den Lappen gemacht, säh dat anders aus. Dann hätte ich dem Lupo von die Autos und Lkws und dat alles erzählt und wie unserem alten Nachbar sein Hund, der Mecki, mal einmal vor ein Auto geballert is. Nur, für den Mecki ging dat noch gut aus, für den Lupo leider nich.

Tragisch, aber er wusste halt nicht, worauf er sich einlässt.

Ja, dat war schlimm. Da hab ich auch lange dran zu knacken gehabt und seit dem Tag, wo die den Lupo gekillt haben, bin ich nich mehr im Zoo gewesen. Dat hätte mich voll dran erinnert, wat ich für ein töften Kumpel verloren hab. Dat erwischt immer die Guten, weißte dat?

Wegen die Nummer hab ich dat auch erstmal gelassen, mich mit anderen Vierbeiners zu unterhalten. Dat kam dann immer wieder hoch und dann fing ich am Heulen an, so'ne Scheiße. Da kam ich echt voll lange nich weg von meiner Trauer. Dat ging dann erst, als ich von dat Arbeitsamt so'ne Maßnahme gemacht hab und dann wieder am Malochen war. Dann ging dat wegen meine Arbeitskollegin.

Was für eine Maßnahme war das beim Arbeitsamt?

Dat war so ein Kursus, so'ne Umschulung oder wie dat heißt. Da haben die uns dann zu Nachtwächters gemacht, aber genannt haben die dat anders. Gebäudesicherung oder wat mit Objekte oder so in der Art. Da haste dann so alles gelernt von wegen die Sicherheit und wat zu beachten is, wenn du da in der Nacht wat am Bewachen bist und da kommen Einbrechers und so Typen. Dat fand ich spannend, dat war für mich wie in einem Krimi in der Flimmerkiste.

Dat lief auch gut und weil ich dat wohl gerafft hab, haben die mir schnell wat vermittelt. Da hatte ich endlich wieder einen Job. Mal wieder Knete haben und in Urlaub fahren, dat schien in

Ordnung. Nur nach Malle, dat wollte ich nich nochmal. Ich hab dann bei einer Spedition aufgepasst, dat da keiner wat macht in der Nacht.

Mit der Kollegin, die du erwähnt hast.

Ja, auch. Also eigentlich war ich da mit einem Kollege. Der Willi, dat war so ein gemütlichen Typ, der hat dat nich so ernst genommen. Der hat dat mit seiner Schäferhündin Rebecca gemacht und ich war dann die Verstärkung von dat Team. Und weil ja die Rebecca auch mitmalocht hat, war dat ja dann auch 'ne Kollegin - weißte, wie ich dat meine?

Jetzt schon.

Ja, jedenfalls der Willi, dat war ein Gemütlichen und dem war dat Pennen wichtiger als dat Gucken nach Verbrechers. Und weil der gemerkt hat, dat ich mit die Rebecca gut klargekommen bin, war dem dat nur Recht, dat ich da mit die Rebecca alleine rumgelaufen bin und er gepennt hat. Dat sollte ich nur nich erzählen, damit der Willi keinen Ärger kriegt. Dat hab ich auch nich rumerzählt bis jetz.

Dann gehe ich mal davon aus, dass du auch mit der Rebecca geredet hast.

Am Anfang nich, weil dat mit dem Lupo noch in meinem Kopp war. Ich hab mal schön gemacht, als wenn ich dat nich mitkriegen würde, wat die da alles so von sich gegeben hat. Der Willi darf dat gar nich wissen, wat die dem so alles an seinen Kopp geschmissen hat. Der dacht immer, dat Tier is ja so lieb, aber die hat sich einen Spaß daraus gemacht, dem immer Schimpfworte an seinen alten Kopp zu werfen auf die freundliche Art, weißte? Da hab ich gestaunt

Wie hat sie ihr Herrchen denn genannt?

Dat war vielleicht eine. Dat waren so Namen wie Fettarsch, Puddingdampfer, Schnitzelbomber und so wat. Einmal hat die zu dem Willi Pommespanzer gesagt, da konnte ich nich mehr. Wat hab ich gelacht. Dat ging nich ohne, aber da is mir aufgefallen, dat mich dat ja verraten kann, wenn ich über wat lach, wat die sagt.

Hat sie was gemerkt?

Klar hat die dat, die war ja nich blöd. Erst hat die mich komisch angeguckt immer wenn die wieder wat Lustiges gesagt hat, ob ich reagiere und so. Manchmal hab ich gelacht, weil dat zu lustig war und dann hat die mich einmal einfach frech gefragt, ob ich sie verstehen tu. Ja, wat sollte ich da machen? Dat Ding war durch. Dann hab ich mir gedacht: Arschlecken! Ich red` jetz mit die Rebecca und vielleicht hilft mir dat ja auch bei meinen Gedanken an den Lupo.

Dann habt ihr ausgiebig geredet.

Aber sowat von. Wat die erzählen konnte, dat war Wahnsinn. Wenn ich wat von letzte Woche gefragt hab oder über dat Leben beim Willi, dann fing die bei ihrer Geburt an. Und dat war auch der einzige Hund, der mir mal einen Witz erzählt hat. Pass mal auf, der ging so:

Tun sich zwei Köters im Park treffen. Sagt der eine: „Hör mal, wie heißt Du?" Sagt der andere: „Ich mein ich heiß´ Sitz."

Mhm.

Na, ja, is jetz nich der Knaller, aber immerhin der einzige Witz, den mir einer von die Vierbeiners jemals erzählt hat. Wo da jetz genau der Witz is, weiss ich auch gar nich, aber ich hab an dem Tag so getan, als wär dat voll lustig, weißte? Damit die Rebecca nich denken tut, dat ich keinen Humor hab und so. Ich bin mit der dann immer schön auf Gesprächsrunde gegangen und der Willi hat gepennt.

Was hielt sie von deiner Werwolfgeschichte?

Dat ich mit die Rebecca reden konnte, dat fand die schon komisch, aber dat dat alles mit einer Werwolfsache zu tun hat, dat wollte die nich glauben. Die hat mir erzählt, dat dat wohl Wermenschen gibt, aber von sowat wie mir hatte die noch nich gehört.

Was sind denn Wermenschen, wenn ich fragen darf?

Dat hat mir die Rebecca so erklärt: Dat sind Hunde, aus denen werden beim Vollmond Menschen. Dat sind dann die Typen, wo die manchmal von erzählen. So nackte Flitzers, die in der

Nacht durch den Park rennen wie so Angeschossene, weißte? Sind nich gefährlich, aber manche Olle tut sich ja erschrecken vor so Wermenschen. Wenn dir mal so einer begegnet, geh einfach weg oder wirf Stöckchen und gut is dat.

Mann, was es alles gibt. Seit ich dich kenne, glaube ich ja so Einiges.

Kannste mal sehen, wat du einen Vorteil hast dat du mich kennen tust .

Ja, aber mal zurück zur Rebecca.

Jau. Mit die Rebecca bin ich dann also immer schön so in der Runde gelaufen in der Nacht und hab mit der über alles gelabert. Wat den Lupo angeht, da hat die mir echt voll geholfen. Die hat mir gesagt, dat der in die Freiheit gehörte von seiner Herkunft und dat der auch aus dem Zoo abgehauen wär, wenn der mich nich getroffen hätte. Dem sein Schicksal war fertig, ob mit mir oder ohne. So wie dat kam, war dat schon bei dem seiner Geburt klargemacht, hat die Rebecca mir gesagt. Dat hat mich aufgebaut und dann hab ich mir gedacht, dat der dann wenigstens noch einen töften Kumpel hatte, bevor den dat Schicksal geholt hat. Da hat der noch wat Gutes erlebt vor seinem frühen Tod, wat der ohne mich nich erlebt hätte. Is doch auch wat, oder?

Wenn man es so sieht schon.

Guck, und so seh` ich dat. Ich bin gar nich Schuld und hab noch wat Gutes gemacht. Dat hört sich schon anders an als dat, wat ich nach dem Lupo seinem Tod erst über mich dachte. Wat war ich froh, dat mir die Rebecca dat richtig verklickert hat.

Hat die Rebecca dich denn auch als Wolf gesehen?

Dat ließ sich ja nich vermeiden, dat die dat mal sieht. Ich hab dat aber vorher schon durchgeplant, wie dat am besten is. Ich hab dann Hundefutter versteckt auf der Arbeit, damit ich gleich wat zum Fressen hab und nich sauer bin. Und die Rebecca hat mir dann sogar noch ein kleines Karnickel gefangen, wat die sonst nich gemacht hat. Dat war lieb. Richtig lieb war die....

Nana, hör ich da mehr als Freundschaft bei dir?

Hör auf mit Sowat und lass mich dat jetzt fertig erzählen!

Sorry.

Dat war also dann alles vorbereitet an dem Abend von meiner ersten Verwandlung auf der Arbeit und dann, als der Willi endlich am Pennen war, ging dat hinter die Anhängers los mit meinem Fell. Wat war die Rebecca am Staunen, dat sag ich Dir. Dat war dann top, weil ich in meinem Pelz besser mit die Rebecca rennen konnte. Dat ging dann immer voll ab über dat Gelände. Einmal kam da auch so´ne Type über den Zaun, dat war wat.

Habt Ihr ihn geschnappt?

In die Mangel haben wir den genommen. Erstmal schön geguckt wat der macht und dann von zwei Seiten ran. Ich hab die Rebecca gesagt, dat die dat machen muss mit dem Beißen, weil dat sonst noch einen gibt von meiner Sorte. Dat wollte ich nich. Ich hab den dann in einer Ecke geparkt und die Rebecca hat dem seine Buxse in Fetzen gebissen, dat dem vor Angst die Augen aus der Birne flogen. Dat hat gereicht und der is über den Zaun abgehauen als wenn dat um dem sein Leben geht. Der macht dat nich mehr, einfach mal bei die Spedition rein und nach wat zum Klauen suchen, dat schwör ich dir.

Dann wart Ihr ja ein richtiges Erfolgsteam.

Aber wat für eins. Dat hat dreimal so geklappt mit diesen Typen. Keiner hat wat geklaut und der Willi is in seinem Schlaf auch nich gestört worden. Dat war 'ne schöne Zeit, dat war zum ersten Mal wieder wat Korrektes damals.

Jetzt arbeitest du ja nicht mehr. Wenn alles gut war, warum hast du aufgehört?

Wie dat so geht. Erst is dat Freundschaft und dann fängt einer am Spinnen an. Bei die Rebecca ging dat auch los. Erst hat die immer gesagt, wat ich als Wolf doch ein schönes Fell hätte und so 'ne töfte Nase. Und meine Öhrchen wären ja sowat von wohlgeformt und alles so Zeugs. Am Anfang hat mir dat gefallen, weil für mich selten einer wat Nettes sagt, schon gar nich über dat Aussehen, weißte?

Das hört jeder gern.

Klar hört dat jeder gerne, aber an einem Abend, da wurde dat zu brenzlig. Da hat die mir erzählt, dat die noch nie so ein tollen Kerl wie mich in meinem Pelz getroffen hätte und dat die mich liebt und Welpen mit mir haben möchte. Als Herrchen und Hund könnte ich mit die ein normales Leben haben und bei Vollmond wär dat dann perfekt.

Dat hat mir einen Schock versetzt, dat glaubste nich. Ich hab morgens nach die Rückverwandlung den Willi wachgemacht, hab gesagt dat ich nich mehr komme und dat war dat. Ich hab die Rebecca nich mal Tschüss gesagt, so fertig war ich. Bin nich mehr hingegangen und dat war auch gut so. Stell Dir mal vor, wat dat noch geworden wär. Dat is doch verboten, wat die wollte. Dat war Scheiße!

Da hast du auf jeden Fall richtig gehandelt.

Dat weiss ich. Und dat war auch dat letzte Mal, dat ich mich auf eine Freundschaft mit einem Hund oder Wolf oder sonst einem Viech eingelas-

sen hab. Dat is doch immer mit Probleme am Ende, egal wat ich mach. Dann lieber gar nich reden als immer so ein Scheiß, aber ehrlich. Brauch ich nich mehr. Da hab ich mich dann erstmal nach wat anderem umgesehen von wegen die Ablenkung. Vom Arbeitsamt kam aber erstmal wieder nix, weil ich auch selber die Brocken hingeschmissen hab. Dat kam nich gut an und bis jetz hat dat nich mehr geklappt mit Maloche.

Dumm gelaufen, aber in dem Fall hast du ja trotz der Folgen keinen Fehler gemacht. Wie hast du danach die Zeit verbracht?

Ach, weißte, ich hab mich dann in so'n Leck-mich-an-Arsch-Gefühl reinfallen lassen, weil dat irgendwann auch mal gut is. Ich hab ja immer versucht, dat dat alles gut läuft, aber dat Leben is manchmal ein Arschloch, auch zu die Leute, die alles richtig machen wollen. Hab ich alles erlebt. Dat letzte Mal, wo ich wat versucht hab mit Kohle verdienen letztes Jahr, dat ging ja auch nich.

Was wolltest du machen?

Weißte, ich hab in der Bude gesessen und dat ging mir auf den Sack, dat ich nix gebacken krieg. Ich hab gedacht, ich bin doch wat Besonderes, da muss ich wat draus machen, ohne dat dat gleich auffällt mit den Werwolf. Dann hab ich dat gelesen, dat die da für Hellowien ein paar Leute suchen als Horrortypen, die dann andere Leute erschrecken. Dat fand ich gut, weil ich dat Kostüm dafür ja schon in meinem Balg hab. Erstmal hab ich gecheckt, ob dat mit dem Erschrecken an einer Nacht mir den vollen Mond is. Als dat passte, bin ich dahin zum Moviepark und hab zu die Chefs gesagt, dat ich ein Spitzenkostüm hab und dat ich dat gerne mal machen würde mit Erschrecken.

Das war aber trotzdem nicht gut überlegt, oder?

Eigentlich war dat sogar gar nich überlegt, aber dat war mir egal. Ich wollte nur für mich mal zeigen, dat mehr in mir steckt als so ein Arbeitsloser ohne Kohle und so. Jedenfalls hab ich den Job gekriegt und bin dann da-

hin. Für dat Verwandeln bin ich in ein Gebüsch gegangen, damit dat keiner sieht, aber wie ich so mitten drin bin, sind da auf einmal ein paar Blagen. Die sind heimlich durch dat Loch im Zaun gekrochen, dat schon da war, als ich noch als Kröte dahingegangen bin mit Kumpels. Da hieß dat noch Traumlandpark und dat gab da so große Sauriers aus Beton. Dat war wat, is aber jetz alles weg.

Da hast du zum ersten Mal menschliche Zeugen bei der Verwandlung gehabt.

Jau, dat haben die Blagens voll gesehen, wat da mit mir abging. Geschrien haben die wie am Spieß und sind so schnell wieder durch dat Loch im Zaun verschwunden, dat dat beim Rennen eine Staubwolke gab wie in die Zeichentrickfilme mit den doofen Kojote und den schnellen Vogel. Boah, sind die gerannt, die Blagens. Dat machen die nich noch mal, durch dat Loch für lau in den Park. Dat kannste aber glauben.

Hast du keine Angst gehabt, dass die Kinder dein Geheimnis verraten?

Nee, dat hatte ich nich. Wer sollte die Blagens denn sowat glauben? Und dann hätten die bei ihren Alten ja auch zugeben müssen, dat die ohne Bezahlen durch den Zaun in den Park wollten. Da bin ich von ausgegangen, dat die mal schön ihre Fresse halten bei ihren Alten und weil da nie wat kam in den Nachrichten von so einer Geschichte wie meiner, haben die wohl auch den Ball flachgehalten, die Blagens.

Und danach bist du also im Park rumgerannt, um Leute zu erschrecken?

Ja, dat hab ich dann gemacht. Immer so gelauert in den Sträuchers und dann so voll raus mit offenem Maul und mal die Weibers in die Hacken gezwickt. Dat hat mir Spaß gemacht, nur dat ich bei die ganze Sache vergessen hab, dat ich auch mal wat zum Fressen brauch zwischendurch. Da hab ich bei dem ganzen Spaß nich dran gedacht.

Was wieder Folgen hatte, nehme ich an.

Da haste Recht, Folgen hatte dat. Nach einiger Zeit hat dat Wilde in mir Kohldampf gekriegt und dann roch dat da so lecker nach die ganzen Würste und Pommes und so Zeugs. Wegen meinem Schnüffelstück war dat mit Menschen ja kein Problem, aber dat ganze leckere Fastfood, dat wollte ich dann haben. Bin dann wie bekloppt zwischen die Leute rumgerannt und hab jedem seinen Burger aus der Hand weggefressen. Einem Junge hab ich die Bratwurst aus der Muhle gezogen und einem bulligen Kerl hab ich die Pommes-Schale geklaut. Da war richtig wat los wegen meinem Hunger. Da war dann so'ne Bande von so Aufgepumpten aus der Muckibude, die wollten voll auf Held machen und sind auf mich los.

Da hat sich dann gezeigt, dat ich selbst als Wolf nich aus meiner Haut kann. Weil ich nich als erster draufkloppen konnte, wollte ich weg, aber die Schwarzeneggers haben sich ein paar Bretters von so'ner Fressbude abgerissen und mich verkloppt. Ich dachte: Nur weg bevor die dat merken, dat ich kein Kostüm anhab. Mein Schädel war so dick, der sah aus wie dat Riesengebirge, aber ich hab dat dann gepackt mit die Flucht. Klar, dat dat dann keine Kohle gab am Ende. Ich bin gar nich erst dahin zum Kassieren, weil dat bestimmt Ärger gegeben hätte. Dat hab ich mal schön gelassen und dat war auch dat letzte Mal, dat ich wat Jobmässiges gemacht hab.

Und seitdem wartest du einfach auf bessere Zeiten?

Ja, so kann man dat sagen. Ich warte einfach, dat mal irgendwat Gutes in meinem Leben passiert. Dat ich mal wieder Glück hab mit Irgendwat, ohne dat ich dat selber versuche. Wenn ich selber wat mach, geht dat schief, dat weiss ich. Da muss mal einer kommen und für mich wat machen, dat dann läuft. Dat is dat, auf wat ich warten tu jetz.

Wer weiss, vielleicht passiert das schon bald. Willst du zum Abschluss noch Irgendwas loswerden, über das wir noch nicht geredet haben?

Jau, dat will ich. Erstmal an meine alte Perle Susi: Siehste Susi, dat mit den Michael war doch nich so dolle und wenn du damals bei mir geblieben wärst, hättest Du jetz nich drei Blagen von drei Typen sondern fünf Blagen von mir. Dat wollte ich immer mal sagen.

Und dann noch wat mit Galgenhumor: Besser Läuse im Pelz als gar keine Kumpels, hehe.

Dem ist dann wohl Nichts hinzuzufügen.

Goldene Zeiten

Das Interview war im Kasten und ich war zufrieden mit dem Ergebnis. Dass Holger eine direkte Ansage an seine frühere Freundin Susi machte, war für mich ein gutes Zeichen, dass ich nun vielleicht mit seiner Geschichte an die Öffentlichkeit gehen konnte. Hoffentlich machte mir Holger jetzt nicht noch einen Strich durch die Rechnung. Vielleicht hatte er manches nur einfach so dahingesagt, ohne sich große Gedanken zu machen und zog es nun vor, die Gesellschaft über seine Geschichte im Dunkeln zu lassen. Ich war zum ersten Mal seit langer Zeit einigermaßen aufgeregt.

„Und?", fragte ich vorsichtig, „Was meinst du? Im Grunde wäre es doch jetzt endlich Zeit, dass du mit deinem Abenteuer etwas Sinnvolles anfängst. Sollen wir das Interview einer Zeitung anbieten?"

Holger schwieg und wirkte, als müsse er diese schwerwiegende Entscheidung kurz mit sich selbst ausmachen. Mir kam diese eigentlich kurze Denkpause unendlich lang vor und ich sah bereits meine Felle davon schwimmen.

„Weißte wat?", erwiderte der irgendwie erleichtet wirkende Holger dann plötzlich. „Jetz hab ich so lange rumgeeiert mit meinem Leben, da is dann auch mal gut. Jetz will ich wat von dem großen Kuchen, wenigstens ein kleines Stück. Dat dat nix bringt, wenn ich weiter nur in meiner Bude sitz, dat hab ich selber gerafft. Mach da mal wat für mich klar, ich kann dat so schlecht mit die Leute. Wenn du wat Gutes am Laufen machst, dann bin ich dabei. Dann mach ich dat alles mit."

Meine Anspannung war von jetzt auf gleich verschwunden. Mehr brauchte ich nicht zu hören. Holger hatte mir nicht nur seine Erlaubnis zur Veröffentlichung gegeben sondern mir sogar freie Hand gelassen. Ich war voller Euphorie und Tatendrang, meinen großen Traum Wirklichkeit werden zu lassen und mit seiner Geschichte schnell zu Ruhm und Geld zu gelangen. Holger sollte natürlich großzügig beteiligt werden, das versteht sich von selbst. Äußerlich ruhig aber innerlich aufgewühlt verabschiedete ich mich und fuhr gut gelaunt in Richtung Heimat. Bei einem Gläschen Rotwein begann ich sogleich mit den weiteren Planungen. Zunächst machte ich mir Gedanken, wer der beste Abnehmer für unsere Werwolfgeschichte sein könnte. Meinen Arbeitgeber ließ ich direkt aussen vor, der schien mir zu provinziell für meine großen Pläne. Um das Ganze von Anfang an seriös und hoch wissenschaftlich anzupacken, hatte ich andere Ideen.

So bot ich die Story exklusiv der renommierten Wissenschatfszeitschrift GEO an und wartete voller Optimismus auf eine positive Antwort. Die blieb jedoch aus. Auf meine Nachfrage wurde kurz und knapp geantwortet, dass „in der Zeitschrift kein Platz wäre für fantastische Räuberpistolen, ich aber hoffentlich meinen Spaß gehabt hätte."

Angebote an SPEKTRUM DER WISSENSCHAFT, BILD DER WISSENSCHAFT und sogar den STERN erzeugten ähnliche Reaktionen. Als ich letztgenanntem Magazin anbot, zum Beweis neue Filmaufnahmen von Holgers Verwandlung zu liefern, wurde ich darüber aufgeklärt, dass heutzutage ja schon jeder 12-jährige an seinem Rechner eine solche Szene erstellen konnte. Ich solle mich nicht mehr melden, denn wir wären schließlich nicht bei VERSTEHEN SIE SPASS? oder auf dem Rummelplatz.

Ernüchterung machte sich breit und auch Holgers kurzzeitiger Tatendrang schien langsam aber stetig zu schwinden. Wenn nicht bald etwas passierte, würde er sicher einen Rückzieher machen und sich wieder in sein ödes Dasein fallen lassen. Und ich wäre keinen Schritt weiter in meiner Lebensplanung. Das galt es um jeden Preis zu verhindern, aber wie?

Nach tagelangen Überlegungen wegen der geringen Resonanz bei den Printmedien kam ich immer wieder zum selben Ergebnis: Eine Offensive! Holger musste seine Verwandlung medienwirksam vor laufenden Fernsehkameras zur besten Sendezeit vollziehen, wobei auch vor Ort genug Zeugen nötig waren, falls jemand die Fernsehbilder für eine Fälschung halten sollte. Es stellte sich nur kurz die Frage, in welcher Sendung ich Holger unterbringen musste. Es konnte nur eine Abendsendung sein, sonst gäbe es keinen Vollmond. Und Holger musste unter einem harmlosen Vorwand als Gast in der Sendung sein und im Blickpunkt mehrerer Kameras stehen.

Eine Talksendung bei einem Privatsender, das wäre genau die richtige Plattform für Holger und man hätte nach dem Auftritt sicher sofort einen solventen Geldgeber an der Hand, der einiges an finanziellen Mitteln locker machen könnte, um Holger zu einem Teil des Programms zu machen.

Einer meiner entfernten Bekannten war im Team von STERN TV und damit war die Entscheidung schnell getroffen. Mit dem Versprechen, ein paar Euro locker zu machen, bat ich ihn, Holger zu berücksichtigen, falls in nächster Zeit eine Geschichte über einfache Menschen mit wenig Geld aus unserer dafür bekannten Stadt anstehen würde und gegebenenfalls eine solche Story bei der Redaktion vorzuschlagen. Das würde sicher nicht leicht werden, denn Geschichten dieser Art gab es leider wie Sand am Meer. Doch mehr konnte ich zunächst nicht tun.

Wochen zogen ins Land und es wurden Monate, in denen ich meinem Bekannten gehörig auf die Nerven ging und Holger bei der Stange hielt. Dann endlich war es soweit. Holger würde Gast bei Moderator Steffen Hallaschka sein. Gerne hätte ich die Nummer natürlich auch bei Günther Jauch abgezogen, um dessen verdutztes Gesicht zu sehen, aber er hatte der Sendung ja schon längst den Rücken gekehrt. Das Thema, mit dem es Holger in die Sendung schaffte, war die Befreiung aus Harz IV durch vollkommen verrückte Geschäftsideen - und das passte thematisch letztendlich ja sogar ganz gut. Welche irre Idee Holger hatte, wurde im Vorfeld von mir sehr diskret behandelt. Erst während der Sendung sollte live im Studio verraten werden, was Holger zu bieten hatte. Hallaschka wollte eine gewisse Spontanität aufrecht erhalten, indem er auch selbst nicht allzu genau nachfragte, was Holger wohl veranstalten würde.

Holger freute sich zunächst, dass es endlich losging, bekam dann aber Sorgen wegen des zu erwartenden Sicherheitspersonals, als wir im Sommer zu den Kölner

Studios in Bocklemünd fuhren. Er dachte immer noch an den Tod des amerikanischen Werwolfs im Film. Dass er in der Sendung nicht aufgrund zu großen Hungers irgendeinen Unsinn veranstalten würde, daran hatten wir gedacht. Welche Reaktionen er bei den Anwesenden hervorrufen würde war dagegen nicht vorhersehbar und ergab ein Restrisiko, das wir akzeptieren mussten. Ich war mir jedoch relativ sicher, dass ich im rechten Moment alles unter Kontrolle bringen konnte. Schließlich befand ich mich unter den Zuschauern im Studio, um schnell reagieren zu können, sollte die Sache aus dem Ruder laufen.

In Bocklemünd angekommen wurden wir von meinem Bekannten, den ich direkt vor Ort auszahlte, in Empfang genommen. Wir konnten uns zunächst an einem kleinen Buffet stärken, das in einem Nebenraum des Studios aufgebaut war. Insgesamt erschien der Saal, in dem die Sendung stattfinden würde, kleiner als auf der Mattscheibe, doch für unsere Zwecke war er mehr als geeignet. Der freundliche Moderator Hallaschka begrüßte alle Gäste vor der Sendung persönlich und zeigte sich schon sehr gespannt auf Holgers Überraschung, die den interessanten Schlusspunkt setzen sollte.

Ich hoffte nur, dass die Dämmerung uns nicht im Stich ließ und der Vollmond zu rechten Zeit am Himmel erstrahlte.

Die Sendung begann. Neben Holger war als Studiogast nur eine ältere Dame eingeladen, die ein Buch über ihre Erfahrungen als 82-jährige Vorsitzende eines Motorradclubs geschrieben hatte. Die augenscheinlich unter Drogeneinfluss stehende Oma nahm während ihres eigenwilligen Auftritts kein Blatt vor den Mund und erzählte ausschweifend von ihrer langen Biker-Karriere. Am Ende des Gesprächs verlass sie stolz die Liste ihrer Vorstrafen, wobei sie immer wieder betonte, stets Opfer der Umstände gewesen zu sein.

Wer diese Geschichte schon für eine schräge Sache hielt, sollte erst einmal Holgers Nummer abwarten.

Nach verschiedenen eingespielten Beiträgen über eine Hundepension und eine aus Frauen bestehende Berufsfeuerwehr aus dem Münsterland war dann endlich Holger an der Reihe.

„So, kommen wir nun zu unserem zweiten Gast des Abends. Hallo Holger, ich freue mich, dass Du hier bist", begrüßte der Moderator meinen Schützling offiziell.

„Jau, dat freut mich auch, dat ich hier bin", erwiderte Holger.

„Holger ist heute bei uns, weil er sich sicher ist, mit einer vollkommen ungewöhnlichen Idee sein Leben mit Hartz IV hinter sich zu lassen. Er hat sein Schicksal in die eigene Hand genommen und will selbst noch etwas aus seinem Leben machen, anstatt sich auf den Staat zu verlassen. Ich weiss noch nicht, was er vorbereitet hat und bin sehr gespannt. Dann fang mal an, Holger."

„Dat mach ich jetz auch. Also erstmal brauch ich den großen Fressnapf mit dat Futter, dat ich hinter die Kulissen schon vorbereitet hab." Ein schläfrig wirkender Assistent brachte daraufhin schlurfend einen enormen Napf voller Hundefutter ins Studio und platzierte ihn gut 3m vor Holgers Sessel.

„Und jetzt nich am Lachen fangen, aber ich muss mir mal die Klamotten ausziehen für dat, wat ich machen will."

Während der Moderator sich ein Schmunzeln nicht verkneifen konnte, war auch das Publikum im Studio recht schnell erheitert von Holgers Auftritt und vereinzelte Lacher und Getuschel waren zu hören.

Holger zog sich aus. Ich hatte ihm etwas Geld gegeben, so dass er sich eine Badehose kaufen konnte, die während der Verwandlung durch ihre Dehnbarkeit lange genug halten würde, um seinen Intimbereich zu verdecken. Es konnten schließlich auch Kinder vor dem Fernseher sitzen. Nun sah ich auch, wofür er das Geld ausgegeben hatte. Holger trug eine Badehose mit dem Marvel-Ungetüm Hulk, was zusätzliche Lacher erzeugte. Auch die Biker-Oma fühlte sich bestens unterhalten und griff Holger spontan ordentlich an den Hintern, was ihn empört aufspringen ließ.

„Omma, lass dat mal! Jetz bin ich dran", äußerte er etwas ungehalten, um dann mit seiner Darbietung fortzufahren.

„So, und jetz kommt wat ganz Wichtiges. Dat hier brauch ich zum Schnüffeln, damit dat hier alles gut verläuft", sagte er, während er das blaue Stück Jogginghose in die Kamera hielt, das immer um seinen Hals baumelte.

„Das hat jetzt aber bitte nichts mit Drogen zu tun, oder?", fragte der Moderator etwas verunsichert.

„Nee, dat sind keine Drogen, dat is für die Sicherheit. Ich tu mit Drogen nix machen, wat denkst Du denn?"

„Dann ist ja gut. Was kommt jetzt?"

„Ja, jetzt müssen wir wat warten. Kannste mal einen von deine Untergebenen nach draußen schicken und gucken lassen, ob der Mond schon am Himmel is?", fragte Holger, um dann fortzufahren „Ach nee, lass mal. Ich merk dat geht schon los jetzt, brauchste keinen mehr nach den Mond gucken lassen…"

Und dann passierte es. Holgers Körper begann wie beim Schüttelfrost zu zittern, während er sich schon einmal in eine Stellung auf allen Vieren begab. Seine Knochen verschoben und verbogen sich, Fell wucherte wild auf seinem Körper und

Holgers normalerweise trottelige Augen begannen gelb zu leuchten. In Holgers Maul erschienen enorme Zähne und sein Blick wurde wirr.

Der Moderator fiel augenblicklich mit seinem Stuhl nach hinten und suchte erst einmal am Rand des Studios Deckung. Die Kameraleute zogen sich ebenfalls langsam zurück, ohne Holger aus dem Bild zu verlieren und ich hoffte, die Regie würde die Sendung laufen lassen. Im Saalpublikum brach eine spontane Panik aus und wie aufgeschreckte Schafe rannten alle Besucher kreischend zu den Ausgängen. Als Holger seine Verwandlung abgeschlossen hatte, war der Saal so gut wie leer, aber die Übertragung lief weiter, was sicher der Sensationslust des Senders geschuldet war. Die Sicherheitsleute standen fassungslos an den Türen und waren unschlüssig, was nun zu tun sei.

Ich saß noch allein auf meinem Platz. Neben Holger hockte die hysterisch lachende Motoradoma auf dem Boden, während er sich gierig über das vorbereitete Hundefutter hermachte. Obwohl die alte Dame sich noch keine Sorgen machte, wollte ich ihr zur Sicherheit mitteilen, dass keine Gefahr bestand. „Keine Angst, meine Dame, Holger frisst kein altes Fleisch", sagte ich und mir wurde erst danach bewusst, wie unverschämt das eigentlich war.

Bevor das Sicherheitspersonal sich zu unüberlegten Handlungen hinreißen ließ, holte ich dann aus meinem Rucksack ein Bund Mettwürste, ging zu Holger und fütterte ihn damit. Auch den Moderator bat ich herbei. Hallaschka hatte sicher die Hosen voll, war aber Profi genug um zu erkennen, was hier für eine medienwirksame Geschichte ablief. Mit langem Arm und Schweiß auf der Stirn reichte er Holger eine Mettwurst, die dieser gierig verschlang. Dann legte sich der Werwolf brav hin und ich versuchte, das Gespräch mit dem immer noch ängstlichen Moderator aufzunehmen.

Meinen Blick in die Kamera gerichtet sagte ich: „Meine Damen und Herren, sie waren gerade Zeuge einer wirklichen Verwandlung eines Menschen in einen Wolf. Dies war kein Spezialeffekt oder Trick. Werwölfe existieren und sie sollten sich mit dem Gedanken anfreunden, dass es Dinge zwischen Himmel und Erde gibt, die für unsere moderne Gesellschaft nur schwer zu begreifen sind. Herr Hallaschka, was ist ihr erster Eindruck?"

„Einen schönen guten Abend und bis demnächst.", brachte Hallaschka noch hervor, dann war die Sendung vorbei.

Ehe wir vielleicht doch noch Probleme bekommen konnten, lockte ich Holger schleunigst mit weiteren Würsten ins Auto und wir verschwanden im Dunkel der Nacht. Auf dem ersten Autobahnrastplatz checkte ich am Notebook, ob es bereits Reaktionen gab, während Holger auf dem Rücksitz eingeschlafen war. Ich war begeistert. Bereits Minuten nach der Sendung war Holgers Auftritt das Hauptthema auf allen Nachrichtenkanälen und im Netz. Unsere vorbereitete Facebook-Seite „Wilder Holger", auf die während der Sendung per Einblendung hingewiesen wurde, konnte sich vor Freundschaftsanfragen und „Gefällt Mir"-Klicks kaum retten. Meine Rechnung war aufgegangen, das von mir erwünschte Interesse in der Bevölkerung und bei den Medien war da und nun musste ich nur noch sehen, wie die Kuh am besten gemolken werden konnte.

Natürlich hatte RTL sofort den Fuß in der Tür, doch Pro7 bot einen ganzen Haufen mehr Geld und blieb mit dem Gebot auch an der Spitze, weshalb wir mit letzterem Sender recht schnell ins Geschäft kamen. Zunächst folgte eine Homestory über Holger, der noch gar nicht so recht wusste, wie er mit dem Fernsehteam in seiner Wohnung umgehen sollte.

Ich sagte ihm jedenfalls: „Bleib einfach wie du bist. Versuch jetzt nicht, irgendetwas anders zu machen als bei meinem Interview." Das nahm er sich zu Herzen und blieb auch bei späteren Gelegenheiten der einfache Holger aus dem Ruhrgebiet.

Nach Holgers erneutem Fernsehauftritt änderte sich unser Leben schlagartig. Auf einmal stand auch die STERN-Redaktion wieder auf der Matte und gab kleinlaut zu, sich im Vorfeld vielleicht etwas unprofessionell verhalten zu haben. Nun hatten sie großes Interesse an Holgers Geschichte und mein Interview konnte zu einem guten Kurs zu Veröffentlichung lizensiert werden. Für eine Fotostrecke mit ihm konnte ich ein zusätzliches Honorar abgreifen. Meine Genugtuung kannte keine Grenzen. Einzelne Anfragen verschiedener Institute, die Holger auf Herz und Nieren untersuchen wollten, ignorierte ich. Damit war kein Geld zu machen und ich wollte Holgers Dasein außerdem mit einem Hauch von Mysteriösität austatten.

Während meine Funktion sich zu der eines Managers entwickelte und auch Holger nach zusätzlichen Fernsehauftritten und Printbeiträgen finanziell auf dem richtigen Weg war, mussten wir uns überlegen, wie es weitergehen konnte. Holger war im Moment ein heißes Eisen, das geschmiedet werden musste.

Eine Reality-Soap war nicht das Richtige, denn Holgers Leben außerhalb seines Werwolfdaseins war nicht wirklich interessant. Sicher hätte man hier und da etwas erfinden oder inszenieren können, doch von solchen Methoden war ich nie ein Freund, da konnte tatsächlich auch zusätzliches Geld nichts bewegen. Auch Kochsendungen oder ein Tierquiz schienen mir unpassend. Holgers Fähigkeit mit

Vierbeinern zu kommunizieren war dagegen eine vielversprechende Sache. Es gab schließlich schon einen Hundeprofi im deutschen Fernsehen und Holger hatte diesem Herrn einiges voraus.

Ehe er sich versah, war dieser Hundeprofi dann auch ziemlich schnell abgemeldet und Holger wurde zunächst für eine Staffel DER ECHTE HUNDEPROFI unter Vertrag genommen. Die Sendung war von Anfang an ein Quotenhit. Es folgte kurz darauf die Tier-Verkuppelsendung HERRCHEN SUCHT HUND. Passend dazu schrieb ich unter Holgers Namen Beratungsbücher für Hundefreunde, die ebenfalls großen Anklang fanden. Der Rubel rollte kräftig in unsere Richtung.

„Weißt du wat?" sagte Holger eines Tages zu mir, „Ich glaub, jetzt sind die doch da, die goldenen Zeiten. Dat Geld stimmt und dat die Leute mich mögen, dat stimmt auch. Dat hätte ich nie gedacht vor zwei Jahren, dat dat mal so schön wird mit meinen Leben."

Ja, und das hätte ich von meinem Leben auch nicht gedacht. Ich weinte meiner Lokalredaktion, der ich so schnell es ging den Rücken kehrte, keine Träne nach. Obwohl mir der leckere Kuchen von Frau Jaschinski hin und wieder fehlte.

Holgers Karriere kam jedenfalls richtig in Gang. Zunächst konnte ich für ihn einen dicken Werbevertrag bei einem bekannten Hundefutterhersteller abschließen. Es wurde eine ganze Reihe von Werbespots gedreht, die immer damit endeten, dass sich Holger zum Wolf verwandelte und über das Futter hermachte. Dabei schmeckte ihm das Zeug nicht wirklich, aber er war mittlerweile Profi genug, es trotzdem zu fressen.

Seine Wohnung im Stadtsüden konnte Holger dann auch schon bald aufgeben. Wie ja bekannt ist, war das Haus unseres prominenten ehemaligen Schalke-Managers mit Zigarre seit einiger Zeit nicht mehr bewohnt und wir machten es zum Sitz unserer neugegründeten Firma WOLFENPOOL. Von hier aus konnten wir in angenehmem Ambiente alles Geschäftliche abwickeln und dabei in der großen Gartenanlage neue Ideen entstehen lassen.

Dazu gehörten Holger-Comichefte und eine Kleiderkollektion im Stil alter

Sweatshirts und verwaschener Ballonseide-Hosen. Auch ein völlig neues und bahnbrechendes Fernsehformat war eine dieser Ideen.

WUFF – DER HUNDETALK stellte eine Sensation im deutschen Fernsehen dar. Hier plauderte Holger mit den Hunden prominenter Menschen. So waren in der Auftaktsendung Jürgen Drews` Fienchen, Wolfgang Joops Gretchen und Sonja Zietlows Lila zu Gast und redeten offen und ungehemmt über ihr Leben an der Seite bekannter Stars. Die Sendung wurde ein Riesenerfolg und zur Silvesterausgabe erschien sogar der weltberühmte Chihuahua Tinkerbell, der mit einem Dutzend anderer Hunde bei der Hotelerbin Paris Hilton lebt. Was Tinkerbell aus ihrem Leben erzählte, führte zu einem handfesten Skandal. Mehr darf ich darüber leider hier nicht erzählen, ohne Miss Hiltons Armee von Anwälten im Nacken zu haben. Zumindest wurde über diese aufsehenerregende Sendung im großen Stil auch über die Landesgrenzen heraus berichtet und schon bald kamen sogar erste Anfragen aus dem Ausland.

Holger hatte indessen irgendwo mitbekommen, dass bekannte Menschen ihre Popularität auch für gute Zwecke nutzen sollten. Er hatte seinen alten Kumpels zwar schon ein paar Kästen Bier spendiert, aber ihn beschäftigte noch eine andere Sache.

„Weißte, wat mir im Kopp rumgeht?", fragte er eines Tages. „Ich tu mir manchmal überlegen, dat dat noch andere solche Wolftypen gibt wie mich. Und die tun vielleicht Menschen essen, so wie ich dat auch mal wollte. Wat is, wenn die damit nich klarkommen und dat nich mehr wollen? Meinste, für die könnte ich wat machen zum Helfen?"

„Wie willst du denen helfen?", fragte ich. „Du kannst ja dein heißgeliebtes blaues Stück Stoff nicht mit anderen Teilen. Und du weißt ja gar nicht, wie viele es von deiner Sorte überhaupt gibt und wo sie leben."

„Jau, dat is dat Problem, aber so´n paar haben mich da in dat Facebook schon mal angeschrieben. Um die tu ich mir Sorgen machen. Kannste dir mal Gedanken machen, ob da wat geht mit die Hilfe?"

Er machte sich also ernsthaft Sorgen über andere Werwölfe, die nicht das Glück hatten, einen blauen Stofffetzen zur Kontrolle ihrer wilden Triebe zu besitzen. Die ganze Sache musste natürlich gut durchdacht sein und diskret behandelt werden, denn der eine oder andere Werwolf hatte in seiner Laufbahn sicher schon Menschenleben auf dem Gewissen. Wie sollte in Gericht darüber urteilen? Eigentlich war das nicht möglich und um dieser Diskussion aus dem Weg zu gehen, gründeten wir als Auftakt die Online-Gruppe WEREWOLFS ANONYMOUS, die notleidenden Lycanthropen eine Hilfe werden sollte.

Gleichzeitig wurde ein großer Chemiekonzern damit beauftragt, auf künstlichem Weg einen Stoff zu erzeugen, der auf Werwölfe eine Wirkung haben sollte wie Holgers Schnüffelstück. Holger testete die verschiedenen Extrakte selbst und nach einigen durchaus auch witzigen Misserfolgen war es im Winter 2011 soweit. Es gab ein Mittel, das alle Werwölfe ihren Hunger auf Menschen vergessen ließ. An geheimen Übergabestellen, die kurzfristig in verschlüsselten Botschaften bekanntgegeben wurden, wurde es verteilt. Fast kamen wir uns wie Geheimagenten aus einem schlechten Film vor. Zunächst belieferten wir Europa und dann durch vertrauenswürdige Mittelsmänner auch andere Kontinente. Besonders freute sich Holger über eine Dankesnachricht von der Insel Mallorca. Er stammte von der Frau, die Holgers Wewolfdasein in Gang gebracht hatte. Sie entschuldigte sich vielmals und war froh, ihren Hunger nicht mehr an versoffenen Touristen stillen zu müssen. So entwickelte sich Holger zu einem Chartiy-Werwolf von internationalem Format, der leider nur im Verborgenen gute Taten vollbringen konnte. Doch das das war ihm mehr als genug.

Mittlerweile erreichten uns auch vermehrt Auftritts-Anfragen aus Übersee. Unter diesen Anfragen waren sogar Rollenangebote für verschiedene Fernseh-Serien, über die Holger sich besonders freute. Mit Filmen kannte er sich ja gut aus und dass er selbst einmal als Darsteller vor der Kamera stehen könnte, machte ihn regelrecht euphorisch - was bei Holger trotz seiner Erfolge immer noch eine überaus seltene Erscheinung war.

Besonders interessant war ein Anbot der Produktionsfirma, die für die Teenie-Vampirserie YOUNG SUCKERS verantwortlich war. Wir wurden zum Gespräch nach New York eingeladen, was Holger wie ein Märchen schien. Er schwärmte auch später noch von einem nächtlichen Ausflug in den Central Park, bei dem er eine Gang von gewaltbereiten Jugendlichen mit Gesichtsbemalung und Baseballschlägern in die Flucht schlagen konnte.

Vor Ort stellten sich seine nicht vorhandenen Englischkenntnisse zunächst als Problem heraus, während seine Fähigkeiten zur Verwandlung gut ankamen. Die Produzenten hatten außerdem großes Interesse daran, als erste US-Firma mit Holger zu arbeiten, bevor er noch populärer und damit auch teurer werden würde. Sein Gastauftritt würde auch zukünftige Verkäufe der Serien-DVD- und BluRay-Boxen ankurbeln, nachdem sein Bekanntheitsgrad gestiegen war.

So wurde der erste Auftritt Holgers im US-Fernsehen vereinbart. Seinen Sprachproblemen begegneten die findigen Autoren mit der Idee, ihn zu einem sprachbehinderten Lycanthropen aus Europa zu machen, der mit einem Wanderzirkus unterwegs war. So konnte sich Holger in seiner Rolle als hilfsbereiter Wolfsmensch mit einigen hingenuschelten Worten durch die Folge retten. Für mich fiel übrigens eine kleine Rolle als Gorilla ab, was mir zumindest das Mitleid der Mannschaft einbrachte, während ich im Pelz schwitzte.

Dass Holger am Set und auch in den Drehpausen umgänglich und freundlich war, kam beim Team gut an. Zu Holgers Freude wollten besonders die weiblichen Darsteller der Serie ihre Pausen in seiner Nähe verbringen, um seine mit Händen und Füßen erzählte Geschichte zu hören: „Weiss juh, ei wos gebissen from a Werwolf in mei Urlaub. Dat was not very schön on mei Arsch. In die Nacht on Anfang ei hab ohlwäis Bugs Bunny gefressen und dann ei wollte essen eine fette Mann. Dat wos very aufregend." Es schien, als hätte Holger nicht nur die Sprachbarriere überwunden sondern auch endlich eine

Aufgabe gefunden, die ihm wirklich enormen Spaß bereitete.

Ich wollte mich nach weiteren Möglichkeiten in der Film- und Fernsehbranche umhören, obwohl ich langsam merkte, dass mir das amerikanische Showgeschäft fast zu groß erschien. Da meine Kontakte in Amerika mehr als dürftig waren, versuchte ich, Holger in einer bekannten US-Fernsehsendung unterzubringen, wo er selbst eine Art Aufruf zu schönen Rollenangeboten starten könnte.

Sein Auftritt in der Fernsehserie war schon vor der Ausstrahlung seiner Episode ein Thema. Ein kleines Sprachtraining machte ihn ausreichend fit und es gelang, ihn als Gast in der populären TONIGHT SHOW bei Gastgeber Jay Leno unterzubringen. Holger hatte sich gut vorbereitet und richtete dann seinen Aufruf an die Filmschaffenden des Landes:

„Hello, mei Nähm is Holger änd ei äm fromm the bjutiful Land Dschörmäni. Äs juh mäibieh wisst, ei äm a Werwolf. Ei bin tu Amerika gekommen to mäik Muhvies, great Muhvies. So, if juh are interested tu arbeit mit me, send me a Nachricht to

Holger@Wolfenpool.com oder Werwolf Holger on Facebook. Ei känn pläy every Rolle from romantisch Werwolf tu brutal Werwolf und ju do not have tu zahl for expensive Spezialeffekte wis Maskens and so. Ei känn do it allet bei meiself, no kiddink. Ei will bi warten for jor Offers and bi häppi tu hören from ju alle. Sänk ju very Dankeschön."

Als Abschluss legte Holger dann vor den laufenden Kameras noch eine Verwandlung hin und wurde von Jay Leno, der weitaus cooler reagierte als unser deutscher Moderator, mit drei saftigen T-Bone-Steaks gefüttert.

Schon bald kamen erste Angebote, eines davon durch eine Firma, die darauf spezialisiert war, sich mit günstig produzierten Filmen an den Erfolg großer Hollywoodtitel anzuhängen. Drehte man in Hollywood zum Beispiel den neuen STAR TREK-Film, kam von besagter Billigschmiede höchstwahrscheinlich SPACE TREK oder STAR TREKKERS. Diese Titel landeten dann auch in Deutschland nach kurzer Zeit für 5 Euro auf den Wühltischen und in solchen Produktionen wollte ich Holger dann doch nicht unterbringen. Diese Filme waren eher geeignet für Darsteller, die ihre große Zeit weit hinter sich gelassen hatte. Holger hatte seine noch vor sich, soviel stand fest.

Es dauerte eine Weile, dann kam ein Angebot für einen Kinofilm, der zwar auch nur ein niedrigeres Budget hatte, aber weitaus mehr Potential besaß als die erwähnten Mikrobudget-Produkte. Und das Schöne war, dass der Film ganz auf Holger zugeschnitten schien und er nach einigen Änderungen im Drehbuch somit die Hauptrolle bekam.

Der Regisseur nannte sich Henry Van Horning, was mir schnell wie ein Pseudonym vorkam. Er hatte bisher einige preisgekönte Kurzfilme an der Universität gedreht und wollte nun auch im Kino durchstarten. Nach mehreren Treffen mit Henry war der Deal perfekt, es gab nur eine kleine Gage samt Beteiligung an den Vermarktungseinnahmen, aber es schien eine gute Sache. Das Henry die Finanzierung seines Films medienwirksam als Crowdsharing-Projekt im Internet realisierte, war besonders wichtig für unsere Öffentlichkeitsarbeit und die Steigerung von Holgers Popularität.

Aus Kostengründen hatte Henry geplant, den Film in Bulgarien zu drehen. Das osteuropäische Land war schon lange ein Favorit unter amerikanischen B-Film-Produzenten, da die Personal- und Servicekosten weit unter westlichem Niveau lagen. Henry hatte außerdem trotz seines jugendlichen Alters gute Beziehungen zur Filmwelt und einige prominente Förderer, was ihm schon im Vorfeld nützlich war und bei der Organisation des Vorhabens half. Da der Film im 2. Weltkrieg spielen sollte, war es praktisch, dass der komplette Kostümfundus von Tarantinos INGLORIOUS BASTERDS benutzt werden konnte.

Im Sommer 2012 ging unsere Reise los und in der Stadt Sozopol begann Henry mit der Arbeit. Vor Ort konnte sogar noch der bulgarische Charakterdarsteller Velizar Binev verpflichtet werden, der die Rolle eines polnischen Partisanen-Anführers spielte. In einer besonders spektakulären Szene wird Binev vom Werwolf halb aufgefressen.

Weiter ging es in einem kleinen Ort namens Etara. Leider war die einfache bulgarische Landbevölkerung nicht mehr sehr kooperativ, als sich herumsprach, dass sich unter den amerikanischen Filmleuten auch ein echter Werwolf befand.

Wie sich herausstellte, waren einige der Dorfälteren hoch motiviert, ihre Mitmenschen vor dem vermeintlich gefährlichen Lycanthropen Holger zu schützen. So kam es in einer Nacht nach einem gelungenen Vollmonddreh zu einem Zwischenfall, der für Holger fast fatale Folgen hatte. Einige alte Dörfler wollten gewaltsam in unsere Unterkunft eindringen, um Holger den Kopf abzuschneiden, ihn zu pfählen, zu vierteilen, ihn dann richtig zu töten und am Ende zu verbrennen. Nur den gut ausgebildeten und wenig zimperlichen russischen Sicherheitsleuten war es zu verdanken, dass es nicht dazu kam. Nachdem unsere Russen die Opas aus dem Dorf Grün und Blau geprügelt und mit Schnaps wieder beruhigt hatten, war die akute Gefahr zum Glück sehr schnell vorbei. Dann mussten die steinalten Angreifer Holger mit Würsten aus der Hand füttern, um seine Ungefährlichkeit zu testen.

Am nächsten Tag machte ich den stark verkaterten Greisen dann mit Hilfe unseres Übersetzers klar, dass es nicht zuletzt durch Holgers Engagement ein Heilmittel gegen den Menschenhunger von Werwölfen gab. Nun begriffen die alten Männer, dass es allein Holgers Verdienst war, dass auch bei ihnen schon seit geraumer Zeit kein Mensch mehr von einem Werwolf attackiert oder getötet wurde.

Sie dankten es uns von dem Tag an mit reichhaltiger Verpflegung durch hausgemachte Würste und selbstgebrannten Schnaps. Die restlichen Dreharbeiten, zu denen wir uns abschließend wenige Kilometer weiter nach Gabrovo begaben, verliefen dann ohne Zwischenfälle und Henry konnte kurz darauf in der Heimat mit der Fertigstellung seines Meisterwerks beginnen, um es schnellstens der Öffentlichkeit zu präsentieren. Die Episode mit den ergrauten Werwolfjägern wurde später wirksam in der Werbekampagne zum Film verarbeitet. So begann Holgers Karriere im Kino in einer kleinen Independent-

Produktion, die den Titel NASTY NAZI WITH A FUR trug. Das heißt übersetzt GARSTIGER NAZI MIT EINEM FELL. Holger spielte in Henrys unglaublich brutalem Spielfilmdebut einen fiesen Nazischergen namens Helmut Maria Semmeling, der in Osteuropa von einem Werwolf gebissen wird und dann im wölfischen Blutrausch und zum Gutmensch verwandelt Nazigrößen dezimiert, um schließlich durch eine Silberkugel aus der Pistole von Hermann Göring zu sterben. Holgers letzte Worte in seiner episch angelegten Todesszene lauteten: „ Ei wos living for se Wehrmacht, nau ei äm deiing äs a Werwolf." Schön.

Henry Van Hornings gute Kontakte machten es möglich, dem kleinen Film eine ordentliche Premiere in Los Angels zu verschaffen. Das Chinese Grauman's Theater konnte leider nicht der Veranstaltungsort sein, aber einige Straßen weiter im Regency Village Theatre war das Ambiente ähnlich angenehm. Neben der reichlich erschienenen Presse waren sogar eine Hollywoodgrößen zugegen, um Henrys Karriere einen ordentlichen Schub zu verpassen. Meinen Schützling Seite an Seite mit Charlie Sheen, Lindsay Lohan, Carmen Electra und David Hasselhoff zu sehen, machte mich unendlich stolz.

Holger war zum ersten Mal seit ich ihn kannte aufgeregt wie ein Kind vor der Bescherung zu Weihnachten. Als er im Kinosaal seinen Film ansagen durfte, war er sichtlich bewegt. Man konnte formlich die Beine in seiner Ballonseide-Hose schlottern sehen. Denn eines muss ich kurz erwähnen. Holger ist bis heute nicht von seinem ursprünglichen Kleidungsstil abgewichen, der sich neben seinen besonderen Fähigkeiten zu seinem Markenzeichen entwickelt hat.

„Hello Lädies und Gentelmänners", begrüßte Holger mit verschwitzter Stirn die Anwesenden.

„Ei äm very häppie änd praut tu present tu juh mei först amerikanischen Film. Henry is ein wonderful director änd it wos great tu wörk mit him on so eine tolle Muvieh. Ei hatte a great Zeit wenn ei wos duing sis Muvieh. Ei hoop ju leik den schönen Muvieh äs matsch äs wir tun. It häs a lot of Spannung, Romanze, Äktschen und mehr. Sänk ju very Dankeschön for se support in se mäking of se Muvieh!"

Obwohl ich versuchte, meine Erwartungen zu zügeln, hoffte ich natürlich weiterhin, dass der ungewöhnliche Film für Holgers Karriere dienlich sein könnte. Was passierte, sprengte dann aber jeden Rahmen. Nach der gelungenen Premiere eroberte NASTY NAZI WITH A FUR zuerst die Herzen der Zuschauer in Kalifornien. Der immer größer werdende Erfolg und das Interesse war deutlich zu spüren und eines der großen Filmstudios verhandelte nach kurzer Zeit mit Henry, um den Film landesweit auszuwerten mit einer Option für den Weltmarkt.

NASTY NAZI WITH A FUR eroberte in Windeseile den amerikanischen Kontinent und katapultierte den Regisseur Henry Van Horning und seinen Hauptdarsteller Holger quasi über Nacht in die A-Liga. Die Kritiken waren zwar vernichtend, aber da das Einspielergebnis in Nordamerika rekordverdächtig war, konnten wir gut damit leben. Die Welle der Begeisterung schwappte auch nach Deutschland, wo der Film auf der Berlinale noch belächelt wurde, dann aber mehr Zuschauer in die deutschen Kinosäle lockte als alle anderen Festivalbeiträge zusammen. Europa war begeistert. Besondere Wirkung erzielte der Film danach in Asien, wo auch Holgers junge Modelinie LAZY WOLF einen Trend bei der Bevölkerung im Alter zwischen 10 und 40 Jahren auslöste.

Bei den angesehenen Preisverleihungen blieb der Film natürlich weiterhin außen vor. Die amerikanische Filmakademie und auch die Jury in Cannes beachteten ihn nicht. Realistisch betrachtet wäre ja nicht einmal eine Auszeichnung für Spezialeffekte möglich gewesen, da Holgers Verwandlung echt war. Aber Preise sind auch nicht wirklich wichtig, wenn ein Produkt dermaßen viel Gewinn macht, wie es Henrys Film tat. Und das tat er!

Auch die Leitung des Filmstudios war hochzufrieden und bereits als NASTY NAZI WITH A FUR noch im Kino lief, wurden mit Henry und Holger zwei Fortsetzungen vereinbart. Holger erhielt von der Werbeabteilung den Künstlernamen „Howling Holger" und ich war ein wenig sauer, dass mir dieser schmissige Name nicht selbst eingefallen war. Als Holgers Manager war ich dann aber auch an der Auswertung der Howling Holger-Rechte beteiligt und so freute ich mich sehr, wenn ich beim Einkauf sah, wie verschiedenste Artikel von der Zahnbürste bis zum Brillenetui mit dem auffälligen Holger-Schriftzug über die Ladentheke gingen und Kinder zu Halloween in Ballonseide und Werwolfpelz durch die Straßen liefen.

Holger selbst konnte nicht glauben, was in kürzester Zeit alles passierte. „Dat gibt dat nich, dat gibt dat nich!" war einer seiner häufigsten Ausrufe, wenn ich ihn über seine Finanzen informierte oder Horden von Groupies unser Haus in Beverly Hills belagerten. Uns ging es blendend und nach kurzer Ruhepause stand Holger dann erneut für Henry vor der Kamera.

Die in Mexiko gedrehte Fortsetzung zu Henrys Film trug den Titel NASTY NAZI'S NAPALM NIGHTS und führte Holger alias Helmut Maria Semmeling nun nach Vietnam, wo er nach seiner Wiederbelebung durch Entfernen der Silberkugel in die Kriegswirren gerät. Der Gewaltanteil wurde gegenüber NASTY NAZI WITH A FUR noch angehoben, was das Filmstudio zunächst nicht begrüßte. Eine Klausel in Henrys Vertrag gab ihm jedoch alle Freiheiten, die er benötigte, um seine drastischen Bilder zu realisieren. Holgers Vietnam-Film wurde zeitgleich mit dem Abschluss der Trilogie gedreht, dessen Titel NO MORE MR. NASTY NAZI lautet. Hier findet sich Semmeling nicht mehr in der modernen Welt mit Terrorismus und Technikfirlefanz zurecht. Nach einem Amoklauf durch den amerikanischen Senat lässt er sich in der Arktis einfrieren. Am Ende beginnt das Eis aufgrund der Erderwärmung zu tauen und das Studio hielt sich so eine Tür für weitere Howling Holger-Abenteuer offen.

Beide Fortsetzungen konnten nicht an den immensen Erfolg des ersten Films anknüpfen, spielten aber dennoch genug Geld ein, um Holger und mir durch unsere Beteiligungen ein sorgenfreies Leben zu ermöglichen, selbst wenn wir uns spontan zur Ruhe setzen würden.

„Weißte wat, dat is eigentlich Wahnsinn, wat du mit meinem Leben gemacht hast. Ich hab jetzt Kohle ohne Ende und alle Leute auf die ganze Welt tun mich gut finden. Nee, wat is dat ein Wahnsinn", sagte Holger zu mir, als wir in einer ruhigen Stunde am Strand von Malibu saßen, Cocktails schlürften und auf den Sonnenuntergang warteten.

„Ja, Holger, das kannst du wohl sagen. Die Sache ist für uns beide ganz gut gelaufen", erwiderte ich und fand, dass dies eigentlich ein guter Moment war, um Holger davon zu unterrichten, was mir schon seit geraumer Zeit im Kopf herumging. Ich hatte bereits ohne sein Wissen einige Vorkehrungen getroffen, um mein Leben in ruhigere Bahnen zu leiten. Denn der Irrsinn des amerikanischen Showgeschäfts musste irgendwann Folgen auf meinen Geisteszustand haben. Und so lange wollte ich nicht warten.

„Du hast es weit gebracht, Holger. Und dein Weg ist noch nicht zuende, das kannst Du mir glauben."

„Ey, dat is doch immer noch unser Weg, dat is doch wohl klar. Wir können dat noch richtig ordentlich weitermachen mit die Filmerei und dat Ganze."

„Holger, ich muss dir etwas sagen. Ich glaube, es ist nur noch dein Weg. Ich weiss nicht, ob ich hier in Amerika noch mithalten kann."

„Fang nich am Spinnen an. Wat willst du mir denn jetz verklickern? Nich mithalten? Biste bekloppt geworden oder is dat jetz wieder einer von die doofen Witze?"

„Ich fang nicht an zu Spinnen und mache auch keinen Witz. Ernsthaft, ich hab mir das wirklich gut überlegt. Du machst das alles hier prima und kommst doch jetzt auch ohne mich klar. Ich merke einfach immer mehr, dass ich nicht für das verrückte amerikanische Geschäft gemacht bin. Ich hab bis jetzt unheimlich viel Geld verdient, meine Beteiligungen an deinen Filmen und dem ganzen anderen Zeug erzielen weiterhin gute Gewinne und möchte eigentlich endlich wieder nach Hause."

„Wie, wat nach Hause? Dat hier is doch jetz dein Zuhause, unser Zuhause oder wat? Da komm` ich jetz nich klar drauf, dat du mich jetz im Stich lassen willst. Haben wir dat denn nich echt schön hier?"

„Doch, alles prima hier, Holger. Aber ich lasse dich ja auch nicht im Stich, ich gebe dich frei. Ich hab schon mit einem fähigen Agenten alles klar gemacht. Shlomo Leibowitz ist ein guter Mann und ihr könnt zusammen noch so viele tolle Sachen machen. Mein Akku ist leer und ich möchte einfach nur mein restliches Leben genießen. Ich hab mehr erreicht, als ich mir jemals vorstellen konnte. Und ich bin ja auch nicht aus der Welt. Wir bleiben doch in Kontakt."

„Man, jetz machste mich am Heulen dran. Ich kann dat nich glauben, dat dat jetz dat Ende sein soll."

„Es ist jetzt aber nicht zu ändern, Holger. Sieh es einfach nicht als Ende sondern als Anfang für noch bessere Zeiten. Du schaffst das, das weiss ich. Ich hab dich doch immer gut beraten und da musst du mir jetzt einfach vertrauen, ok?."

„Dat stimmt, aber komisch is mir dat jetz schon. Ich meine, wenn du dat jetz wirklich willst, dann tu ich dat mal versuchen mit den Shlonzo oder wie der heißen tut. Aber wenn dat nich klappt, kommste dann wieder?"

„Gut, wenn es gar nicht funktioniert, dann helfe ich dir. Aber das wird schon klappen. Wie gesagt, vertrau mir und vor allem vertrau dir selbst."

Wir stießen dann noch mit weiteren Cocktails an und beendeten den Abend als gute Freunde mit einem kräftigen Rausch, der noch einige Tage nachwirkte.

Ich blieb noch einen Monat in den Vereinigten Staaten, um alle Formalitäten zu regeln, dann kehrte ich nach Deutschland in meine Stadt zurück, die ich trotz ihres zweifelhaften Rufs doch irgendwie vermisste. Unser Geschäftsgebäude hatten wir immer behalten und ich konnte es nach meinen Vorstellungen umbauen.

Ein Raum blieb dabei reserviert für alle Dinge, die mit Holger zu tun hatten. Hier horte ich bis heute unzählige Plakate, Modellbausätze, Bücher, Kostüme und all die Sachen, die zum Thema HOWLING HOLGER erhältlich sind und waren, um nie zu vergessen, warum ich so verdammt gut leben kann. Mir fehlt es heute an Nichts und meine zwei Katzen Helmut und Renate verfügen über schönen Auslauf im großen Garten, nachdem auch sie von der Welt gesehen haben als die meisten ihrer Artgenossen.

Mit Holger habe ich vor rund zwei Wochen noch gesprochen. Er bat mich, ihm bei seiner Autobiografie unter die Arme zu greifen und wahrscheinlich werde ich seiner Bitte nachkommen.

Shlomo betreut Holger bestens und ein neues großes Filmprojekt ist in Vorbereitung. Ende des Jahres wird mein ehemaliger Schützling außerdem als Gastgeber beim Sender CBS das Special HOWLING HOLGERS HALLOWEEN moderieren und neben einem Videospiel zur NASTY NAZI-Serie wird zum Weihnachtsfest auch eine neue Holger-Actionfigur auf den Markt kommen, die unterm Weihnachtbaum für Furore sorgen soll. Holger fühlt sich zum Glück sehr wohl in den Vereinigten Staaten und will auch nicht mehr dauerhaft in seine Heimat zurückkehren. Die Gerüchte, er wäre Schuld an Jennifer Annistons Eheproblemen kommentierte er nur mit: „Weißte ja, wie dat is. Leben tut man nur einmal im Leben und da musste alles mitnehmen, wat auf dem großen Gabentisch liegen tut, he,he."

Wir werden jedenfalls noch viel von ihm hören...